扉はふたたび開かれる

検証 日中友好と創価学会

時事通信出版局 編
監修・編著 信太謙三

時事通信社

扉はふたたび開かれる

検証　日中友好と創価学会

目次

第三章　日中友好交流の軌跡……173

〈執筆者紹介〉

監修・編著

信太謙三

東洋大学現代社会総合研究所客員研究員（元教授）。1948年、静岡県生まれ。73年、早稲田大学卒業後、時事通信社入社。北京支局長、上海支局長などを歴任。1998～2000年早大非常勤講師、2004～14年東洋大教授。1996年、優れた中国報道によって同年度のボーン・上田国際記者賞を受賞。主な著書：『巨竜のかたち——甦る大中華の遺伝子』（時事通信社）、『中国ビジネス光と闇』（平凡社）など。

執筆

井坂公明	時事通信社編集局（第２章/７節/８節/９節）
鈴木悦子	フリーライター（第３章/２節/３節；終章/提言）
田﨑史郎	時事通信社解説委員（第１章証言①；第２章証言②；第３章証言③）
中村英一	元時事通信社政治部記者・同社出版局長（第２章/１節/２節/３節/４節）
前原政之	フリーライター（第１章/６節；第２章/10節；第３章/３節）
増山栄太郎	元時事通信社政治部記者・同社取締役（第１章/８節）
信太謙三	前掲（上記以外全て）

提言

石川　好	作家・秋田公立美術工芸短期大学学長
毛　丹青	作家・神戸国際大学教授
小林啓泰	民主音楽協会代表理事

ブックデザイン

坂田政則

写真

クレジットの明示がない写真は全て時事通信社。

プロローグ

緊迫する日中関係

日中関係はいま極めて厳しい局面にある。二〇一四年一一月一〇日、北京でのアジア太平洋経済協力会議（APEC）首脳会議を機に、訪中した安倍晋三首相が北京で中国の習近平《しゅうきんぺい》国家主席と会い、日中首脳会談が約二年半ぶりに実現した。が、握手を交わしてメディアの写真撮影に応じた安倍首相と習主席の表情は共に硬く、両国の関係改善を阻む障害の大きさをうかがわせた。中でも、東シナ海の尖閣諸島（中国名・釣魚島）をめぐる問題は深刻で、日中ともに同諸島の領有権を主張、中国の艦艇や航空機が同諸島周辺に現れており、軍事的な衝突がいつあってもおかしくない緊迫した状況に変わりはない。

また、中国では、ちょっとしたきっかけで大規模な反日デモが巻き起こり、北京の大使館や上海の総領事館にデモ隊が押しかけ、日系のスーパーが襲われたりもしている。一方、日本でも、中国を嫌うグループ、すなわち「嫌中派」が台頭し、ネット上で中国への批判を繰り返している。

こうした中、日中双方の国民が抱く相手側のイメージも急速に悪化している。非営利団体「言論NPO」が二〇一四年七〜八月に日中両国で行った世論調査によると、中国に対して「良くない印象」（「どちらかといえば良くない印象」を含む）を抱いていると答えた日本人は全回答者の九三・〇％（一三年九〇・一％）に上り、過去最悪の状況となった。また、日本に対して「良くない印象」（同）をもっていると答えた中国人の割合は八六・八％（同九二・八％）で、過去最悪だった前年より改善したものの、依然として九割近い数字となっている。

だが、一衣帯水の関係にあって、二〇〇〇年という長い交流の歴史をもち、しかも、世界第二位と三位の経済規模を誇るアジアの国、日本と中国がいつまでもこうした状況でいてよいはずがない。

「政冷経熱」という言葉があるが、日中の経済関係は極めて深く、両国間の貿易額は二〇一四年、過去最大の三三兆五五五〇億円に上った。この数字はわが国の貿易総額の約二〇％で、中国は日本にとって最大の貿易相手国だ。一方、中国の同年の税関統計によると、日本は中国の貿易総額の七・三％を占め、欧州連合（EU）、米国、東南アジア諸国連合（ASEAN）に次ぐ貿易相手先（香港を除く）であり、単独の国別では米国に次ぐ第二位の貿易相手国となっている。

中国には、この貿易依存度の差を指摘し、「釣魚島で戦争になれば、日本のダメージの方がはるかに大きい」などといって、高圧的な言論を吐く向きもある。が、それは想像力を欠き、表面的に数字をながめているからだ。中国に進出している日系企業の数は二万社を超え、中国で一〇〇〇万人の雇用を生み出しているといわれている。しかも、こうした日系企業が中国の技術力を高め、中国の輸出を支えている。このため、日中間で実際に武力衝突が起き、経済交流がストップすれば、日本はもちろん、中国にも甚大な被害が出ることになる。日中関係の実情をよく知り、責任ある立場で日本と関わっている中国の人々は皆、そのことをよく理解している。

しかし、領土をめぐる問題は、ときに国と国との面子《めんつ》のぶつかり合いとなり、燃え上がるナショナリズムの中で、お互いにとってよくないことと分かっていながら、武力衝突、さらには、不毛な戦争へとつながっていく。それが領土問題の恐ろしさであり、日中両国の英知を結集し、そうした最悪の事態を何としても回避しなければならない。そのヒントが、極めて困難な中で進められた日中国交正常化の道のりの中に存在する。

国交正常化の原点

日中双方がさまざまな障害を乗り越えて国交正常化にたどりついたのは一九七二年九月二九日。その直後の一〇月二〇日、パンダ二頭が中国から日本国民にプレゼントされ、東京にやって来た。二歳のオスとメスで、オスが「康康（カンカン）」、メスが「蘭蘭（ランラン）」と命名された。四〇年以上も前のことだ。東京の上野動物園で公開されると、一目見ようと、連日、長蛇の列ができ、日本全国で日中友好ムードが大いに盛り上がった。また、当時、中国側の日本に対する期待も小さくはなかった。日本の資本や技術を導入することで中国の近代化を促進しようとしていたからで、事実、対日戦争賠償請求放棄の見返りだったともいえる対中円借款は中国の各種産業の基盤づくりに大きく貢献した。

しかし、中国経済が一九七八年末に始まった改革開放によって急速に発展し、中国が国内総生産（GDP）で日本を抜き、経済面で米国に次ぐ世界第二位の地位を占めるようになっていく中で、日中友好ムードは逆にかげりをみせ、日中関係は近年、尖閣諸島問題などもあって、すっかり冷え込んでしまった。

こうした局面を打開していくのは容易なことではない。が、東西の冷戦構造が残る中にありながら、日中双方の政治家や各界の指導者たちが国交正常化のためにさまざまな困難を克服してきたことを考えれば、不可能なことではない。

あの時代、日中が国交正常化にこぎつけることができたのは、日本では、通産大臣や初代経済企画庁長官などを歴任した高碕達之助、厚生、農林、文部の各大臣を歴任した松村謙三、首相を務めた田中角栄と大平正芳、創価学会会長（現名誉会長）の池田大作、中国側では、最高指導者（中国共産党主席）の毛沢東《もうたくとう》、日本留学の経験をもつ首相の周恩来《しゅうおんらい》、早稲田大学で学んだ政治家の廖承志《りょうしょうし》、中日友好協会会長を務めた孫平化《そんへいか》ら、日中双方の政治家や各界指導者たち、そしてさまざまな民間人や諸団体の忍耐強い努力があったからにほかならない。

彼らに共通していたのは「日中が再び戦ってはならない」という強い思いと、両国の良好な関係がアジア、さらには世界の平和と繁栄につながっていくという信念だった。

周恩来の願い

東京・八王子の創価大学構内には「周桜」と名付けられた桜の木がある。中国の程永華《ていえいか》駐日大使が中国人民ラジオ局公認のウェブサイト「ボイスオブチャイナ」のインタビュー（二〇一一年一二月一四日）の中で、「創価大学在学中に一番印象深く思い出に残っていることといえば、周恩来総理を記念して周桜を植えたことです」と答えた、その木だ。留学生時代の周の詩を刻んだ「雨中嵐山」の碑（京都・嵐山）とともに、今や日中友好を志す人々が訪れる名所の一つとなっている。

桜の木が植えられたきっかけは、一九七四年一二月五日に北京で行われた周恩来・池田大作会談だった。周首相はその席で、戦前に一九歳で留学した日本時代を振り返り、「五十数年前、桜の咲くころに私は日本を発ちました」と語ったそうだ。周首相は当時、病気をおして池田会長との会談に臨んだといわれ、池田会長が「ぜひ、また、桜の咲くころに日本に来てください」と応じると、「願望はありますが、実現は無理でしょう」と答えたという。死期の遠くないことを感じていたのだろう。約一年後の七六年一月八日、周首相は帰らぬ人となった。

周首相はそのとき末期がんで、それでも池田会長との会談に臨んだのには理由があった。池田会長が日中国交正常化の功労者の一人であり、それによってようやくもたらされた良好な日中関係を今後も維持していく上で力になってほしいと期待したからだ。池田会長は帰国後、そんな周首相の願いに思いを馳せながら、創価大学のキャンパス内に「周桜」を植えることを提案したという。

これは二人の信頼関係を示す一つのエピソードであるが、日中の国交正常化の実現やその後の良好な関係は、実はこうした個人的な厚い信頼関係と広範囲にわたる民間交流によって支えられてきたのである。不信感にさいなまれ、相手を批判しているだけでは、日中は不毛の原野を進むだけで、このまま行けば、武力衝突という最悪の事態さえ起きかねない。日中の指導者間の信頼醸成とお互いの心をつなぐ民間交流の大切さが指摘されるゆえんである。

「求大同、存小異（大同を求め、小異を残す）」。一九七二年九月二五日夜、人民大会堂に田中角栄首相らを迎えた歓迎宴でのあいさつの中で、周首相が引用した中国のことわざである。これが日中国交正常化の交渉における基本姿勢となり、歴史の扉を開くことができたのである。

繰り返しになるが、日中関係は今、危機的な状況にある。だからこそ、こうした先人たちの知恵が大切になってくるのであり、中国の人々も含め、われわれは、日中国交正常化の歴史をもう一度、丹念に見直してみる必要がある。特に、池田会長の果たした役割については、彼が宗教家であるがゆえに、政治・外交史の文脈においてこれまで適切に評価されてきたとは言い難い。本書では、池田会長がなぜ、いち早く日中国交正常化を提起し、彼が創立した公明党が日中両国政府を結ぶ重要な役割を担っていったのかをも、事実に基づいて検証していきたい。

中国には「水を飲むときには、井戸を掘った人を忘れるな」ということわざがある。日中友好の「井戸を掘った」これら先人の足跡をたどるため、まずは、国交正常化への動きが始まったばかりのころに時計の針を戻して世界情勢を見てみよう。

第一章　井戸を掘った人々

一、虚構の日中関係

無視された新中国

戦後の日中関係は当初、台湾の中華民国が広大な大陸部分も支配しているとの虚構の中にあった。当時、大陸は毛沢東率いる中国共産党が押さえ、一九四九年一〇月一日には北京を首都とする中華人民共和国を建国していた。新中国の誕生である。が、共産軍に敗れて台湾に逃れた中国国民党の指導者、蔣介石《しょうかいせき》はこれを認めず、自らの中華民国政府が全中国を代表していると主張した。そして、日本はそれに従い、広大な大陸の新中国を無視し続けたのである。

当時の台湾の地図によると、赤く塗られた中華民国の領土は、内モンゴル自治区のみならず独立国のモンゴル（外モンゴル）地域まで含まれており、首都は南京。台北は臨時首都とされ、北京は首都ではないとの理由で「北平」とされていた。

中国・雲南省で写真撮影に応じる毛沢東（左）と周恩来（一九四五年一月一日、ＡＦＰ＝時事）

このような虚構がまかり通ってしまったのは、世界が米国を旗がしらとする資本主義諸国とソ連（現ロシア）の影響力の下にあった社会主義諸国の二つに分かれ、対立を続けたいわゆる「東西の冷戦」構造下にあったためだ。

日本が第二次世界大戦に敗れ、一九四五年八月一五日に無条件降伏すると、中国の東北地域を中心に展開していた多数の日本軍は現地で武装解除となった。そして、国民党と共産党は、共に手を携えて戦ってきた敵である日本軍が消えたことで亀裂が拡大。国共合作は崩れ、国共内戦に突入した。米国は国民党軍を、ソ連は共産党軍をそれぞれ支援し、大陸に残された日本軍の一部も双方の軍隊に組み入れられ、中国全土で激しい戦いが繰り返された。その結果、最終的には、共産党軍が勝利し、一九四九年、蔣介石は国民党軍とともに台湾に逃れた。

しかし、蔣介石は大陸に戻ることを諦めず、台湾の中華民国が中国全土を代表しているとの虚構をつくり上げていく。これを支援したのが米国で、中華民国は台湾に逃れても国連常任理事国のポストを維持し続けた。この中で、日本は、米軍の占領下に置かれたこともあり、台湾の国民党政権とだけ付き合い続けた。

新中国が建国された一九四九年当時の大陸の人口は五億四〇〇〇万人。一方、当時の台湾の人口は、蔣介石とともに大陸から来た将兵やその家族約一〇〇万人を含めても、七〇〇万人程度だった。が、米国は蔣介石支援の立場からこうした事実に目をつぶり、大陸中国を無視した。日本はそれに従い、五一年九月八日、サンフランシスコで米国などと平和条約を締結し、戦争状態を終結させたわけだが、ソ連はこの講和会議に出席したものの、調印を拒否。中華民国と中華人民共和国は会議にも呼ばれなかった。これは中国の代表をどちらにするかで、中華民国を支援する米国と中華人民共和国を承認していた英国の意見が一致しなかったためだったという。

日本はその後、一九五二年四月二八日に中華民国との間で日華平和条約に調印し、大陸の中華人民共和国を無視したままで、台湾の中華民国と国交を回復した。もちろん、これには米国の意向が大きく働いており、日本はその後、大陸中国と国交を回復するまで、この虚構の日中

蔣介石総統（1950年）（ROGER_VIOLLET）

関係を維持していくことになる。

朝鮮戦争の影

ただ、米国も最初からこの虚構を是としていたわけではない。国民党軍が国共内戦に敗れて台湾に逃れてきた当初、米国はこれを「国民党政府の腐敗による自壊」（トルーマン米大統領が一九四九年八月五日に発表した『中国白書』）と捉え、「米国は中国の内戦に巻き込まれず、台湾に軍事援助も助言もしない」と言明した（五〇年一月五日のトルーマン米大統領声明）。米国務省がこれを受け、「台湾は中国の一省に編入された」との声明（同年二月九日）を出すなど、米国は一時、台湾の蔣介石政権を見限り、大陸の新中国との関係改善を模索する動きを見せた。

ところが、この動きに急ブレーキがかかる。ソ連と中国が一九五〇年二月一四日、中ソ友好同盟相互援助条約を締結し、北朝鮮軍が同年六月二五日、中ソ両国の支援の下、朝鮮半島を南北に分ける北緯三八度線を突然越えて韓国に攻め込んできたからだ。いわゆる朝鮮戦争の勃発である。

ソウルは三日目に陥落。「南」の大部分の地域が北朝鮮軍に占領されるという事態に陥った。これに対し、米国は韓国防衛のために軍隊を投入して反撃。釜山周辺で北朝鮮軍の侵攻を食い止め、米軍を中心に組織された国連軍は北朝鮮軍を撃退しながら北上し、韓国軍の一部は中朝国境の鴨緑江にまで達した。このため、今度は、中国が中朝国境を越えて義勇軍として参戦。国連軍を押し戻し、戦いは三八度線付近で膠着状態となった。その後、五三年七月二七日、板門店で北朝鮮・中国軍と国連軍との間で休戦協定が結ばれたのだが、戦火は収まっても、双方の不信感は消えず、東西冷戦の時代が続いていった。

冷戦下の対中「封じ込め」

こうした中で、米国は一九五四年一二月二日、台湾との間で米華相互防衛条約に調印し、蔣介石政権との関係を一段と強化。対中「封じ込め政策」を推進し、米国の強い影響下にあった日本もこれに加わっていった。日本がこの方針を米国側に伝えたのがダレス大使に対する五一年一二月二四日付の吉田茂首相の書簡で、吉田は「究極において、日本の隣邦である中国との間に全面的な政治的平和及び通商関係を樹立することを希望する」としながらも、中ソ友好同盟相互援助条約について「実際上日本に向けられた軍事同盟」であり、「中国の共産政権は、日本の憲法制度及び現在の政府を、強力をもつて顚覆《てんぷく》せんとの日本共産党の企図を支援しつつある」などとして、「わたくしは、日本政府が中国の共産政権と二国間条約を締結する意図を有しないことを確言することができます」と書いている。
吉田首相はこの書簡によって、大陸中国と付き合わず、米国の意向を踏まえ、台湾の中華民国政府を「中国の唯一の合法政権」としてやっていくと米国に確約したわけだ。しかし、外交官出身で大陸勤務が長く、中国情勢に詳しかった吉田首相は、米国主導でき上がった虚構の日中関係を受け入れることに対し、内心では複雑な思いを抱いていたようだ。後に彼はこう回想している。

朝鮮戦線においては、中共軍の介入から、戦況は極度に苛烈な状態に至っており、米国民の北京政権に対する感情は悪化の極致に達しておった。故に講和独立後の日本が、北京と台湾とのいずれを選択するかの問題は、米国にとっては特に重大な関心事となるに至った。万が一にも日本が、貿易その他の経済的利益に動かされて、北京政権との間に何らか修好関係を持ち始めるような事態ともなれば、米国の対共産国政策は大きく動揺せざるを得ない。そこで、平和条約その他に対する米国上院の批准より先に、日本は国民政府との み、国交回復をする、といった意思表示を取り付けたいということになった。これが昭和二十六年暮に、私からダレス特使に宛てた書翰の由来である。（中略）
私としては、台湾との間に修好関係が生じ、経済関係も深まることは、固《もと》より望むところであったが、それ以上に深入りして、北京政府を否認する立場に立つことも避けたかった。というのは、中共政権は、現在までこそ、ソ連と密接に握手しているが如く見えるけれど、中国民族は本質的にはソ連人と相容れざるものがある、文明を異にし、国民性を異にし、政情をも亦《また》異にしている中ソ両国は、遂に相容れざるに至るべしと私は考えており、従って中共政権との間柄を決定的に悪化させることを欲しなかったからである[1]。

吉田茂

吉田首相の真意は「全中国との間に善隣外交と言いますか、多年の間の関係を復活して参りたい」（一九五二年六月二六日の参院外務委員会での右派社会党の曽禰益議員の質問に対する答弁）ということだったとしても、米国への配慮から台湾の中華民国政府を「中国の唯一の合法政権」と見なしたことに対し、大陸中国は猛反発した。中国の首相で外相を兼務していた周恩来は五一年八月一五日、米国主導で進められていたサンフランシスコでの対日平和条約締結の動きについて、「米国などが対日単独平和条約の署名を急ぐのは（中略）日本を再武装させ、アメリカ政府とその衛星国のため新たな世界的な侵略戦争を準備するためである」と激しく批判した。こうして、日本と大陸中国とはますます疎遠になっていった。

当然のことながら、大陸中国の情報はなかなか日本に入らなくなり、新中国でいったい何が起きているのかについても、当時英国領だった香港に流れてくる情報に頼らざるを得なかった。

二、日中交流の地下水脈

中国残留者の引き揚げ問題

終戦当時、中国大陸にいた日本人は二〇〇万人余（日本軍兵士約一三〇万人、民間人約八五万人）に上り、彼らは敗戦国の国民として日本に戻らざるを得なくなった。しかし、東北地区（旧満州）にいた兵士のうち約六〇万人はソ連（現ロシア）によって戦争捕虜としてシベリアに連行・抑留されてしまう。このほか、日本に怨みを抱く中国人の報復に遭ったり、劣悪な環境の中で病に倒れ、食糧不足に見舞われたりして死んでいった者も少なくない。さらに、生きるために中国人に嫁いだりして大陸に残った、いわゆる〝残留婦人〟や中国人に引き渡された幼い子どもたち、いわゆる〝残留孤児〟が生まれ、内戦を始めた国民党軍や共産党軍に加わる者もいた。こうして、日本への帰国は内戦勃発による政治的な混乱や劣悪な交通事情などで遅れに遅れ、第一次引き揚げ船が中国の葫蘆島《ころとう》を出港したのは一九四六年五月一四日のことだった。その後、四八年八月までに約一〇四万人が日本に戻った。

しかし、この引き揚げ事業も、内戦の拡大や日本が大陸の中華人民共和国政府を認めなかったことで中断してしまう。この時点で、中国にはまだ、日本側の推計で、約五万人の日本人が残っており、日中両国は日本赤十字社と中国紅十字会を窓口にして話し合いを始めた。この結果、大陸からの日本人の帰還事業が五三年三月に再開され、同年一〇月までに七回にわたって、合計二万六〇二六人の日本人が帰国した。ところが、同年一〇月末、中国側は突然、「引き揚げは終わった」として帰還事業を打ち切ってしまう。だが、日本側はこれを受け入れず、粘り強く交渉していった。

日本留学組の尽力

こうした交渉を可能にしたのが、日中双方を結ぶ人的パイプだった。新中国の指導者や幹部になった人たちの中には日本留学の経験を持ち、日本をよく知っている人たちが少なくなかった。首相で外相も兼務した周恩来▽文学者、詩人、歴史学者であり、副首相や全国人民代表大会常務副委員長などを歴任し、中日友好協会名誉会長でもあった郭沫若《かくまつじゃく》▽日本生まれの日本育ちで、早稲田大学で学び、中日友好協会会長などを務めた廖承志▽旧制第一高等学校に学び、毛沢東の日本語通訳を務めた趙安博《ちょうあんはく》▽東京高等師範（現筑波大学）で学び、中日覚書貿易事務所駐東京連絡所首席代表になった蕭向前《しょうこうぜん》▽蔵前工業専門学校（現東京工業大学）予科で学び、中日友好協会の第三代会長を務めた孫平化▽東京高等師範卒で、中日友好協会副会長を務めた張《ちょう》香山《こうざん》らである。

大陸に残された日本人の帰還事業においても、中国側では、彼ら日本留学組の指導者や幹部が動いた。中国残留日本人の引き揚げは一九四六年五月に始まり、四八年八月に中断。五三年三月に再開されたことは前述したが、この帰還事業再開のきっかけとなったのは五〇年夏にモナコのモンテカルロで開かれた赤十字国際会議だった。日本赤十字社の島津忠承《ただつぐ》社長が中国紅十字会の李徳全《りとくぜん》会長と会食で一緒になり、日本人の引き揚げ問題で協力を求めた。李会長はこれを受け、帰国後、直ちに周首相に報告。中国側は北京放送を通じて日本側に協力することを表明し、日本人の帰還問題は解決に向け動き出した。五三年一月末、日本赤十字社、日中友好協会、日本平和連絡会の三団体が代表を北京へ派遣し、一カ月余にわたる交渉で再開や手順などが決まった。このとき、中国紅十字会の交渉代表団トップを務めたのが廖承志だった。

もちろん、中国側が日本人の帰還事業の再開に応じたのは、中国のグローバルな戦略の中で自らの国益を最優先した結果でもあった。米国の影響下で大陸中国との関係を絶ち、台湾の中華民国政府を唯一の合法政権とした日本に揺さぶりをかけ、米国や台湾から日本を引き離すという狙いがあったとみてよかろう。とはいえ、そのための交渉を担った中国側の日本留学組指導者や幹部らが、青春時代の一時期を過ごした日本に何らかの特別な感情を抱いていたとしても不思議ではない。彼らの心の中には、日本の中国侵略に対する怨みもあったはずだが、その一方で、彼らは日本と日本人の心をよく理解しており、これによって交渉がスムーズに運んだ可能性は否定できない。厳しい国際政治もなお血の通う人間によって動いているのだ。

つながった日中のパイプ

一方、日本側にも大陸中国と太い絆をもち、新中国との関係を重視すべきだと主張する人たちがいた。その代表が戦前、上海で書店を経営し、中国の著名な作家、魯迅《ろじん》とも親交のあった内山完造だ。内山は戦前、上海に書店を開業し、魯迅をはじめ、田漢《でんかん》、欧陽予倩《おうようよせん》、鄭伯奇《ていはくき》、郭沫若、郁達夫《いくたっぷ》ら数多くの中国の文化人と親交を深めてきた。日本の敗戦後、内山は中国永住を決意するが、国民党によって一九四七年一二月に強制帰国させられ、東京内山書店で再起を図る。彼はまた、中華人民共和国が建国された翌年の五〇年一〇月一日、新たに設立された日中友好協会の初代理事長にも就任している。

しかし、一九五〇年六月に朝鮮戦争が勃発。同年一〇月には新中国が中朝国境を越えて義勇軍を派遣し、北朝鮮軍を支援した。南の韓国を支えていた米国は、北朝鮮の後ろ盾を務めてきたソ連同様、新中国も敵視。台湾に逃れた中華民国の蔣介石政権を中国唯一の正統政府であるとして、日本にもこれを認めるように強く求めた。この状況の中で実現したのが五　年九月八日に調印されたサンフランシスコ平和条約だったのである。この結果、日本と連合国諸国との戦争状態は終結したが、ソ連や中国は調印に加わらず、日本は直ちに日米安全保障条約を締結。中国との関係においては、吉田茂内閣は大陸の新中国を無視し、五二年四月二八日には台湾の中華民国との間で平和条約を結んだ。

しかし、ソ連や中国といった社会主義国を外しての講和は、日本国内でも反発を招いた。東京大学の南原繁総長らは「全面講和」であるべきだと主張し、野党、日中友好協会、労働組合、婦人団体などが「単独講和」に反対する運動を始めた。だが、結局、吉田内閣によって押し切られ、日本はサンフランシスコ平和条約に調印。米国を中心とする西側陣営の一員となり、一九七二年九月の日中国交正常化まで、長期にわたって新中国を無視し、台湾の中華民国との外交関係だけを維持し続けてきたのである。

だが、これで日中間のパイプが完全に切れてしまったわけではない。中国には当時、多くの日本人が帰国できずに依然として残っており、日中友好協会は中国側と交流を続けた。また、貿易についても、日本は当初、米国の影響下で新中国と自由に取引することはできなかったが、香港を通して民間ルートの貿易が始まり、日本からは機械類、中国からは大豆、石炭、鉄鉱石、食塩などが輸出された。こうした中、朝鮮戦争の勃発で、米国による対中取引規制が一段と強まり、取引額が急激に落ち込んだが、一方で、この状況を打開しようとする動きが日中双方から生まれた。

LT貿易

日本側において中心的な役割を果たしたのは、大阪商船（現商船三井）社長や日本国際貿易促進協会初代会長などを務めた財界人の村田省蔵、後に首相になる石橋湛山《たんざん》らで、米国主導の対中「封じ込め政策」をかいくぐり、日中貿易の拡大を模索した。

一九五二年五月二五日、婦人運動家で緑風会系の高良《こうら》とみ、改進党の宮腰喜助、日本社会党の帆足計《ほあしけい》の三人の国会議員がモスクワを経由して北京に入り、中国側との交渉の結果、日中間の第一次民間貿易協定が結ばれた。日中双方ともに、関係改善や経済交流の大切さを認識していたのである。目標として定められた貿易総額はほとんど達成できなかったものの、同協定は五三年一〇月二九日の第二次民間貿易協定の締結、さらには五四年九月二二日の日本国際貿易促進協会の設立につながっていく。

廖承志

そして、六二年一一月九日には廖承志、高碕達之助との間で「日中覚書貿易協定」（通称・LT貿易、LTは廖と高碕の頭文字）が調印され、両国間の貿易取引額は飛躍的に増えた。六四年四月には双方が貿易代表事務所を設置し、常駐記者交換も始まった。

廖承志は一九〇八年、東京に生まれた。一九年に中国に帰国し、嶺南大学に入学。中国国民党の幹部であった父・廖仲愷《りょうちゅうがい》が暗殺された後、再来日し、早稲田大学に学んだ。再び帰国し、共産党に入党。四二年、国民党政

高碕達之助

府に逮捕され入獄した。出獄の後、中華人民共和国建国まで、新華社社長、党宣伝部副部長などを歴任する。その後、国交のなかった五〇年代に来日し、対日関係の窓口として活動した。

一方、高碕達之助は一八八五年大阪に生まれ、農商務省水産講習所を経て東洋製罐を設立した。その後、満州重工業開発、電源開発総裁を歴任。戦後、鳩山一郎内閣で通商産業相・初代経済企画庁長官に任ぜられ、岸信介内閣では通産相・経企庁長官・科学技術庁長官（兼任）を務めた。

このLT貿易協定も、やはり、相互の信頼関係があったからこそ、締結までたどりつくことができたといえる。中心となって交渉を担った日本側の人物は高碕のほか、日銀出身で全日空の社長を務めていた岡崎嘉平太、厚生、農林、文部の各大臣を歴任した松村謙三らだった。岡崎は日中覚書貿易事務所代表としてたびたび訪中し、中国の周恩来首相との間で信頼を深め、「兄弟」と呼び合う関係だったといわれている。

一九六二年、この岡崎の提案をもって訪中し、中国側と協定の交渉を行ったのが松村だった。

中国に向け出発する岡崎嘉平太団長（前列左）ら日中貿易交渉団一行（東京・羽田空港、一九六五年）

五九年一一月一一日、自民党顧問の肩書で訪中した松村が北京から帰国する際、周首相が送別のための宴を開いている。周首相はこの席で「中日両国人民は友好的であるべきであって、お互いに敵視すべきでない。これが中日両国人民の共通の願いである」と述べて日中友好の大切さを指摘し、将来の日中関係についても言及している。

現在、中日両国人民は手をたずさえて極東と世界平和のため努力しようとの声が両国で日ましに高まっているのはよろこぶべきことである。（中略）社会制度の異なる中日両国は当然相互に尊重し、善隣関係をうちたてられるはずである。（中略）中日両国人民は友好的でなければならず、敵視し合ってはならない。これは中日両国人民の共通の願いである。（中略）中日両国は友好であるべきで、たがいに侵犯しあうべきではない。これも両国人民の共通の願いである。（中略）中日両国の関係を改善するため両国人民の友好的な行事を発展させ、両国人民が訪問しあうことはひじょうに重要なことである。（中略）

中日両国の関係、両国人民の往来は、長い歴史からみて、ずっと友好的であった。ある期間、中日両国の関係には不愉快なことがあったが、それはすぎさった。戦後、最初のある短い期間、やはり人為的な障害によって両国関係が不愉快にされている。しかし、われわれみなが、ともに努力しさえすれば、この短い期間も、過去のものになるであろうと思う。過去二千年の歴史からいってもまた今後の長い将来からみて、私は中日両国人民の平和と友好は長期のものだと考える。(2)

日中関係のあるべき姿は、この周演説にしっかりと述べられている。短い演説ではあるが、日中関係を築いていく上で、日本人も中国人も、互いにこの演説を忘れてはなるまい。

三、揺れ動く日本政府

米国の意向に沿った対中政策

ソ連（現ロシア）を盟主とする東側・社会主義諸国と厳しく対峙していた西側・資本主義国の盟主、米国は、アジアにおいて朝鮮戦争が勃発すると、東側陣営で義勇軍を北朝鮮に送り込んできた中華人民共和国、すなわち新中国との関係を断絶。「封じ込め政策」を実施し、日本に対しても中国と経済関係を絶つように求めてきた。日本政府は以後、内閣によって多少の違いはあったものの、基本的には米国の意向に従い、台湾の中華民国政府を「中国唯一の合法政権」とみなし、大陸中国との関係を積極的に改善しようとはしなかった。米国への配慮であり、日米安全保障条約によって国土の防衛を米軍に頼る日本政府にはそこまでの勇気がなかったからでもある。

しかし、吉田茂の後を継いで首相となった鳩山一郎は前内閣の〝向米一辺倒〟とは違い、ソ連との関係改善に乗り出す。鳩山首相は一九五六年一〇月一九日、モスクワでソ連のブルガーニン首相との間で日ソ共同宣言に調印。日本とソ連の国交を回復し、それまでソ連の拒否権によってできなかった日本の国連加盟を実現した。しかし、中国との関係は、中国軍が人陸に近い台湾側の金門、馬祖両島に対する攻撃を始め、台湾海峡の緊張が高まったことなどもあって、大きな進展を見せなかった。

この鳩山内閣で通産相を務めた石橋湛山が一九五六年一二月二三日、鳩山の後を受けて首相に就任する。石橋はもともと「自主外交」推進論者で、社会主義諸国との関係改善を主張しており、米国の反対にもかかわらず、中国との関係改善を積極的に進めるのではないかとみられていた。しかし、脳梗塞で倒れ、二カ月弱で退陣を余儀なくされた。次の岸信介首相は前内閣とは逆に米国との関係強化を目指し、首相就任三カ月後の五七年六月に台湾を訪問。六〇年一月一九日には、労働者、学生らによる大規模な反対運動を無視する形で、日米安全保障条約に調印した。

こうした岸内閣に中国は反発し、石橋内閣時代に高まった日中国交回復の機運は完全に吹き飛んでしまった。

日中貿易拡大と台湾への配慮

岸信介から政権を受け継いだ池田勇人首相は、大蔵省（現財務省）の官僚出身らしく、対中政策において基本的に岸内閣の路線を引き継ぎながらも、「政経分離」方式で中国との経済交流の拡大を進めた。前述の「日中覚書貿易協定」（通称・ＬＴ貿易）が締結されたのもこの時期で、池田内閣はＬＴ貿易に基づく延べ払い輸出に日本輸出入銀行の資金の使用を認めた。

しかし、台湾の中華民国政府がこれに猛反発。こうした中、一九六三年九月、中国の油圧機器訪日代表団の通訳として来日した周鴻慶《しゅうこうけい》が帰国直前、ソ連大使館に亡命を求め、その後、台湾に亡命したいと言い出した。

このため、中華民国政府は周の身柄引き渡しを要求したが、日本政府は大陸中国との関係悪化を恐れ、パスポートの期限切れを理由に身柄を拘束。さらに、本人が自らの意思で「大陸に戻る」と言い出したとして、六四年一月、周を中国に送還した。

中華民国政府はこれに激怒し、抗議のため駐日大使を召喚した。池田内閣はこれに驚き、一九六四年二月、首相の親書を持たせて吉田茂元首相を個人の資格で派遣し、台湾側を慰撫した。そして、吉田は帰国後の同年五月、国民党の張群《ちょうぐん》秘書長に対して書簡（いわゆる「吉田書簡」）を送り、「対中プラント輸出に輸銀の融資を使用しない」と確約。日中貿易の拡大にブレーキがかかった。

この池田首相の後を受けて政権の座に就いたのが、岸信介元首相の弟である佐藤栄作で、兄と同様、米国との関係を重視した。佐藤内閣は米国との交渉で沖縄の返還を実現したが、中国との関係は冷え込んでいった。

四、池田創価学会会長の国交正常化提言

日中首脳会談を呼び掛け

こうした厳しい状況の中で、日中国交正常化につながる一歩が踏み出された。創価学会の池田大作会長（当時）が、一九六八年九月八日に東京・両国の日大講堂で開かれた第一一回学生部総会で中国との国交回復の必要性を強く訴えたことだ。池田会長はこの中で「世界的な視野に立って、アジアの繁栄と世界の平和のため、その最も重要なかなめとして、中国との国交正常化、中国の国連参加、貿易促進に全力を傾注していくべきである」と主張し、日中両国のトップが率直に話し合うべきだと呼び掛けたのである。少し長くなるが、重要な部分を引用しよう。

いうまでもなく、中国問題は現在の世界情勢において、平和実現への進路のうえで非常に重大な隘路《あいろ》になっております。第二次大戦後、今日にいたる二十数年間の歴史をみても、東西二大陣営が、軍事的に真っ向から衝突し、悲惨な戦争を引き起こしたのは、ほとんどアジアの地でありました。周知のように、その一つは朝鮮戦争であり、もう一つは現在も

1968年９月８日、第11回創価学会学生部総会で日中国交正常化提言を行う池田会長（創価学会提供）

続いているベトナム戦争であります。

これらの戦乱に関係している自由主義陣営の旗頭はアメリカであり、共産主義側の後ろだてはソ連よりもむしろ中国なのであります。しかるに、その中国の国際社会における立ち場は、国連にも参加せず、諸外国ともきわめて不安定な外交関係しか結んでいない。〝竹のカーテン〟につつまれて、お互いの実情が漠然としか、わからないというありさまであります。このいわば国際社会の異端児のような中国を、他の国と同じように、平等に公正に交際していくような状態にもっていかなければ、アジア、世界の平和は、いつまでたっても実現できない。そのことを私は非常に憂えるのであります。

それでは、そのために必要なことは何か。その一つは中国政府の存在を正式に認めること。第二は、国連における正当な席を用意し、国際的な討議の場に登場してもらうこと。第三には、広く経済的、文化的な交流を推進することであります。現在、かたくななまでに閉ざされた中国に対して、それを開かせる最も有力な鍵を握っているのは、歴史的な伝統、地理的な位置、民族的な親近性からいっても、我が日本をおいては絶対にないのです。

まず第一に、日中国交の正常化について話しておきたい。これについては、一九五二年に台湾の国民政府とのあいだに日華条約が結ばれており、我が日本政府は、これによって、すでに日中講和問題は解決されている、という立ち場をとっております。だが、これは大陸・中国の七億一千万民衆をまるで存在しないかのごとく無視した観念論にすぎない。(中略)このままの状態では、いくら日本が戦争は終結したといっても、円満な国交関係が実現するわけがない。したがって、なんとしてでも、日本政府は北京の政府と話し合うべきであると思うのであります。

次に中国の国連参加問題について意見を述べたい。これは、一般には代表権問題といわれるように、国連における中国の名札のある席に、北京の政府と台湾の政府とどちらの代表がすわるかという問題であります。(中略)大勢としては、世界の世論は、北京政府支持の方向へ次第にかたむいていくでありましょう。現に先進諸国による国家承認も少しずつ増えており、国際通の人々は「おそらく、四、五年で国連における中国代表権は、北京に帰するだろう」と予想しております。(中略)北京の国連での代表権を積極的に推進すべきであります。およそ、地球全人口の四分の一を占める中国が実質的に国連から排斥されているこの現状は、誰人が考えても国連の重要な欠陥といわねばならない。これを解決することこそ真実の国連中心主義であり、世界平和への偉大な寄与であると思いますが、いかがでしょうか。

次に日中貿易の問題について構想を述べてみたい。（中略）フランスのロベール・ギラン記者は、やはり、対中国貿易で最も有利な立ち場にあるのは日本であろうと述べております。日本自体としても、その地理的条件からいって、遠い将来の発展のため、豊かな資源をもつとともに巨大なマーケットでもある中国と、密接な関係を結ぶことが相互にとって最も有利であり、必要であるといいたい。しかも、それは単なる経済的利益のみならず、アジアの繁栄、ひいては世界平和への偉大な貢献に直結するものであることを、私は強調しておきたいのです。

私は、今こそ日本は、この世界的な視野に立って、アジアの繁栄と世界の平和のため、その最も重要なかなめとして、中国との国交正常化、中国の国連参加、貿易促進に全力を傾注していくべきであることを重ねて訴えるものであります(3)。

池田会長はこの中で、国際情勢を広い視野から分析し、アジアにおける平和構築と経済発展の観点から、日中国交回復の必要性を唱えている。観念的・情緒的な友好論ではなく、リアルな現実認識に基づいた政策提言であり、その後の日中国交正常化への道筋は、この提言の内容に沿う形で進んでいった。提言内容自体は今からみれば現実的ではあっても、共産主義の脅威が喧伝されていた当時としては、相当の風当たりを覚悟しなければならない内容であり、極めて勇気のいる発言だったといえる。

社会党、共産党の動き

もちろん、当時、中国との関係改善を求める動きはこれ以外にも少なからずあった。

最大野党の社会党は一九五七年一月の第一三回党大会で「日中国交回復に関する方針」を決定し、同年四月、書記長の浅沼稲次郎を団長とする第一次社会党訪中団を北京に派遣。さらに、その二年後の五九年三月、第二次社会党訪中団を北京に送り込んでいる。このとき、浅沼書記長は北京滞在中の同月一二日、政治協商会議講堂で演説し、「米帝国主義は日中両国人民の共同の敵」と言い放ち、内外で大きな反響を呼んだ。

しかし、こうした考え方は日米安全保障条約を結んでいる日本の現実にはそぐわず、当然のことながら、自民党政権から無視され続け、日中国交正常化への大きな流れをつくることができなかった。なお、浅沼は翌六〇年一〇月、東京・千代田区の日比谷公会堂で演説中、一七歳の右翼少年に刃物で刺され、非業の死を遂げている。

また、中国と同じく共産主義を標榜する日本共産党は一九五九年三月に初めて訪中団を派遣し、日米安全保障条約の破棄、在日米軍基地の撤廃、沖縄・小笠原の返還などを求めて共に闘っていくことで中国共産党と合意し、共同声明を発表した。

日本共産党はその後もたびたび中国に代表団を派遣してきたが、六六年二月から三月にかけての第五次訪中団の際に事件が起きる。ソ連（現ロシア）をめぐっての対立だった。団長を務めていた宮本顕治書記長が共同コミュニケをまとめるために上海で毛沢東主席と会談したのだが、毛主席はソ連を名指しで批判するように要求。宮本書記長はこれを拒否して会談は決裂した。両党はその後、長年にわたって路線対立を続けた結果、日中友好協会も分裂してしまう（今も二つの日中友好協会がある）。こうして、日本共産党もまた中国と信頼関係を築けず、社会党と同様、日中の国交回復で大きな役割を果たすことはできなかった。

これに対し、池田提言は、当時日本に駐在していた中国人記者、劉徳有《りゅうとくゆう》（後に中国文化部副部長に就任）らによって北京に打電されて注目を集め、中国の最高指導部を動かしていく。一方、日本国内では、池田会長が創立した公明党がその後、与党・自民党と組んで、日中国交回復に向けて大きな役割を果たしていくのである。

池田提言の背景

このため、池田提言に対して、優れた先見性があったとの評価が与えられているわけだが、池田会長がなぜこの時期に、このような提言を行ったのかについても考えてみる必要があろう。

繰り返しになるが、池田提言がなされたのは一九六八年のことで、その六年前の六二年一一月には「日中覚書貿易協定」（通称・ＬＴ貿易）が締結され、六四年には双方が貿易代表事務所を開設している。日中間の貿易額も増え、常駐記者交換も始まった。この結果、日本国内では経済界を中心に大陸中国との関係改善への期待が確実に高まっていった。日本に流れ込む中国の情報も増え、「八億人近い人口（当時）を擁する中国大陸をこのまま無視していていいのか」という考えも出てきていた。日本政府の対中政策が一向に定まらない中にあって、池田会長はこうした新しい時代の流れをしっかりと読み取っていたのではないだろうか。

この点について、当時、会長秘書を務めていた創価学会の原田稔会長は、時事通信社のインタビューに対し、①戦時中、中国に出征した長兄の影響、②日中貿易の道を拓いた高碕達之助や、中国との人脈をもつ作家、有吉佐和子らとの交流、③外国人ジャーナリストから得た最新の国際情報――などによって、国交正常化の重要性を認識していたためではないかという見方を示している。

次のような内容だ（インタビューの詳細は七一～七九頁参照）。

（池田会長の）長兄は中国に出征して、最終的にはビルマ（現ミャンマー）で亡くなるのですが、中国から一時帰国してきた際、日本軍の残虐な行為に憤り、「あれでは、中国人がかわいそうだ。日本はいい気になっている」と語った。その一言がずうっと残っていたのですね。（中略）それがまさに池田会長の中国に対する原体験で、日本と中国との関係を隣人としてより良いものにしていかなければならないと考える原点だったと思います。

もう一つは、戸田城聖二代会長が日中貿易について非常に高い意識をもっていたということですね。創価学会の本部が信濃町に移ってきて、本部の道を隔てたすぐ真向かいが高碕達之助さんの家でした。（中略）戸田会長は多分親しい関係を築かれていたと思います。そして池田会長も、会長就任直後の一九六一年ごろから高碕達之助さんといろんな交流があったようなのです。（中略）有吉佐和子さんとも六四年、六五年ごろからお会いさせていただいておりました。（中略）有吉さんも中国へ何回か行って毛沢東主席や周総理とも会見していますから、池田会長に「周総理からの伝言です」といってメッセージを伝えてくださったりしました。さらに言えば、外国人ジャーナリストで、中国問題について非常に詳しいロベール・ギランと池田会長は昵懇《じっこん》の間柄で、国際的な感覚から「中国をどうとらえるべきか」ということについての情報もしっかりと入手していたと思います。（中略）

そうした人たちとの交流を通しながら、中国の問題についてより一層深く意識するようになっていったと言えると思います。（中略）その上で今、国際情勢をみるときに、「これはやっぱり、今こそやらなきゃならんな」という感じだったと思います。

宗教者である池田会長にとって、苦しむ民衆を救うことを目指した中国革命には当初から共鳴できるものがあり、新中国への強い親近感を抱いていたとも考えられる。これらのさまざまな要素が、日本社会に広がり始めた大陸への期待とあいまって、あの池田提言になっていったといえよう。

中国側の戦略

その一方、創価学会と池田会長に対する中国側の、長期的な対日戦略に基づくアプローチもあったことを見逃してはならない。

これを第一線で中心となって担ったのが一九五五年に中国貿易代表団副秘書長として来日した孫平化だった。彼は中国の東北出身で、戦前、蔵前工業専門学校（現東京工業大学）で学んだこともあり、日本語が堪能だった。新中国成立後は、周恩来首相に重用された知日派の代表格で、自らは早稲田大学で学んだ廖承志の下で一貫して対日工作に従事し、後に中日友好協会会長にもなっている。

孫はその後もさまざまな代表団のメンバーとして来日し、日本の情報を中国指導部に報告するとともに、日本での人脈を広げていった。彼は回想録の中で周首相から創価学会と接触の機会をもつように指示されたと、次のように証言している。

私の知るかぎり、この社会勢力（注・創価学会のこと）は、はやくも一九六〇年代の初めに、私たちの敬愛する周恩来総理に重視されていた。あるとき、私が日本訪問からもどり、廖公（注・廖承志のこと）につれられて、中南海の西華庁の周総理の執務室へ行って、総理にじかに報告したことがある。私の報告の中で、周総理の注意をひいたことが二つあった。一つは、日本が道路を上下に交叉させ、高速道路を建設し、近代化された都市の交通渋滞を解決した経験についてであり、もう一つは、創価学会の躍進と勢力の不断の拡大についてであった。

周総理は私たちに、創価学会と接触する機会をもつようにと言った。(4)

中国が対日関係の改善に力を入れるのには理由があった。一つは北京政府を中国唯一の合法政権として日本に認めさせ、台湾解放と祖国統一を実現する道筋をつくるためだ。また、もう一つは日本との関係を改善することで、日本の資本と技術を中国に引き入れることにあった。中国が社会主義陣営の盟主、ソ連との対立を深めていたためだ。

ソ連の最高指導者、フルシチョフ共産党第一書記は一九五六年二月、故スターリン書記長の政策を厳しく批判し、西側陣営との平和共存路線を積極的に推進しようとした。中国の最高指導者、毛沢東主席はこれに反発し、中ソ間でイデオロギー論争が勃発。両国の関係は悪化し、ソ連は六〇年七月、中国に派遣していた専門家や技術者を引き揚げてしまった。このため、中国としては、ソ連に代わって中国経済の近代化を支えてくれる相手を早急に見つけなければならず、戦後、経済を急速に発展させ、技術力を高めつつあった日本がそのための格好のターゲットとされたのである。

創価学会への注目

周恩来首相が孫平化に創価学会との接触を図るように指示したのにも、やはり理由がある。創価学会は一九六〇年、第三代会長に池田大作が就き、会員を三年間で一五〇万世帯から三〇〇万世帯へと倍増させる躍進を続けていた。そればかりではない。創価学会は政界へ進出し、六一年一一月には公明党の前身である公明政治連盟が発足。その組織力を生かして六二年七月の参議院選挙では九人の候補を当選させ、参議院で一五議席（公明政治連盟発足以前の獲得議席を含む）を確保、自民、社会に次ぐ第三党に成長した。また、六四年一一月には公明党を設立し、翌六五年の参議院選挙では一一人の候補を当選させ、非改選と合わせた議席数を二〇まで伸ばした。さらに、六七年には衆議院にも進出し、同年一月の総選挙では二五議席を確保している。中国は急成長する創価学会のこうした政治力にも注目していたのである。

六二年の秋には、自民党の親中派議員であった高碕達之助と松村謙三が相次いで訪中し、周首相と会見した。このとき、二人はそれぞれ、創価学会と池田会長について好意的に言及したという。高碕は周首相に次のように述べた。

日本に創価学会という仏教の信徒集団があります。一九六〇年に池田大作という人が会長になったのを機に、会員は急速に増えています。私の家がたまたま創価学会本部（東京・信濃町）の近くにあり、日ごろ注意深く観察しているのですが、学会員には一般の庶民が多く、みな真面目で礼儀正しく、平和問題にも熱心です。日中間の民間交流、そして将来の国家間の関係改善を目指すうえで、この勢力を無視することはできません。中国は創価学会と交流すべきです(5)。

来日した孫は、文学を通じて中国人の知己も少なくなかった作家、有吉佐和子を通じて創価学会と接触する機会をもった。有吉は一九六六年六月下旬、創価学会の秋谷栄之助青年部参与（後に会長）に電話を入れる。有吉はすでに五月に池田会長と会っており、この席で池田会長の訪中が話題になった。創価学会関係者によると、有吉は秋谷への電話で「池田会長にお会いして懇談したおり、周総理から池田会長を中国に招待したいとの話があったことを伝えたところ、快い返事があったので、まずは私の友人である光明日報の劉徳有記者とLT貿易日本事務所の孫平化さんに、創価学会の幹部の方を紹介したい。劉さんも孫さんもお会いしたいと言っているので、

有吉佐和子

会っていただけないか」と言ったという。

秋谷がこれについて池田会長に指示を仰ぐと、日中友好を深めるうえで重要な機会であるので、青年部幹部で会ったらどうかと答えたという。そこで、一九六六年七月、有吉が同席し、東京・港区の八芳園で創価学会と中国側の会談が実現する。出席したのは中国側が孫と劉ら三人、日本側が秋谷ら三人の青年幹部だったとされている。

中国側の事情について、劉徳有は後にこう証言している。


一九六六年の夏だったと思いますが、ある日、作家の有吉佐和子先生から連絡が入りました。（中略）彼女が、創価学会の池田会長（当時）と懇談した際に、周総理から預かった〝中国に招待したい〟との言葉を伝えたそうで、その時に私と孫平化先生のことも紹介した、というのです。そして「創価学会は、まじめな団体です。学会には若い方が大勢いらっしゃいます。みんな誠実で立派な人ばかりです。彼らと会ってみる気持ちはありませんか」との話がありました。（中略）そこで、孫平化先生に指示を仰ぎました。（中略）私の報告を聞いた孫先生は、思いもかけず、こう言いました。「周総理から、創価学会の幹部と接触するようにという指示を受けて、今ちょうどその機会を探しているところだった。これは渡りに船だ」と。

六〇年代に入って、孫先生は日本と中国を何度も往復し、帰国のたびに、周総理に日本事情を報告していたわけですが、そのなかで総理が特に興味を示したことが、二つあったそうです。（中略）一つは、高速道路。（中略）そして、もう一つは、創価学会の存在だったのです。（中略）

そういうこともあって、私と孫平化先生が、後に会長となる秋谷栄之助氏ら三人の青年幹部の方と会うことにしました。有吉先生もご一緒でした。もちろん、創価学会側にとっては、日中友好を深める重要な機会にしたい、との池田会長の強い意向を受けての会見だったことは疑いようもありません。これが、我々と創価学会の初めての出会いでした。ともかく、こうしたことからも池田先生は、国交回復以前の早い時期から、中日関係の改善について強い意識を持っていたことは、断言できます⑥。

双方はこれを機に関係を築き、信頼関係を深めていく。日中国交回復へつながる池田提言が行われるのはこの二年後で、これを北京に打電した一人がこの劉記者だった。

五、池田提言に注目した松村謙三

中国への一報

日中国交回復を推進すべきだと訴えた池田提言を中国国内で初めて伝えたのは、『参考消息』というタブロイド紙だった。海外事情を伝えるために国営新華社が出している共産党幹部向け（当時）のメディアで、一九六八年九月一一日付の紙面に「池田大作氏、日本が反中を止め、われわれ（中国）との国交回復を主張」という共同通信社電が載った。

【共同社東京八日電】創価学会会長の池田大作氏は東京で「（日本）政府は中国を承認し、これと同時に、北京政府と外交関係を樹立すべきだ」と語った。

彼はまた、日中両国の首相と外相が会談し、東京と北京が外交関係を樹立するための基本的な方策を決めるよう求めた。

池田大作氏は二〇〇〇万人の会員を擁するとされ、急速に拡大している仏教団体の指導者で、今回の発言は同団体の学生部第一一回大会の席上、中国問題に対する自らの考え方として表明されたものだ。

彼はさらに、（日本）政府に対して中国に対する「敵視政策」を止めるように要求した。これと同時に、彼は、日本が中国の国連加盟に積極的に努力すべきだと述べた。彼はこれ以外にもいわゆる「吉田書簡」を破棄し、日中貿易を一段と拡大しなければならないと訴えた。

この共同電を中国語に翻訳して北京に送った記者の一人が新華社の劉徳有だった。彼は中国の東京駐在記者として多方面に記事を送っていたようで、一九六六年七月に創価学会の秋谷栄之助青年部参与らと会談した際には『光明日報』記者の肩書を使っていた。

劉記者は最初、日本のテレビニュースで池田発言を知った。池田会長が①国交正常化、②中国の国連復帰、③日中貿易の促進、④日中首脳会談の実現——を訴えたことに注目、配達された夕刊を見て「これは記事にすべきだ」と判断し、『参考消息』向けに共同電を翻訳して送った。これが三日後の一一日に掲載された。劉記者は「確かに大事な内容でしたが、正直、この記事が、中国で直ちに発表されるとは思いませんでした。それは本国の判断です」と語っている(7)。

本国の判断とは中国の対日政策立案のトップのもので、周恩来首相の同意があったとみてよいだろう。劉記者はその後、「テレビニュースや夕刊記事の要点を送り、その三日後に、『聖教新聞』で掲載された（池田提言の）全文を本国に送った」と証言している。中国側が池田発言に

松村謙三

いかに注目したかがうかがえる。

松村と池田の会談

日本のメディアもこの池田提言には強い関心を寄せた。朝日新聞は事前に演説文を入手したらしく、当日の一九六八年九月八日付の朝刊一面三段で報じ、読売新聞は九日付の二面四段で「日中国交に全力―池田創価学会会長が表明」の見出しで大きく伝えた。池田提言はその後、公明党の対中政策の基本となっていくわけだが、大陸中国との国交回復に積極的ではなかった佐藤政権の与党・自民党の中にもこの提言を高く評価する人物がいた。

富山県出身の政治家、松村謙三だった。松村は一九〇六年に早稲田大学を卒業し、報知新聞社に入ったが、父親の死で帰郷。町議会議員から県議会議員を経て国政の場に出てきたいわゆる根っからの党人派で、厚生・農林・文部大臣を歴任。官僚出身の首相、岸信介のタカ派的な姿勢を厳しく批判していた。また、対中関係の改善に熱意をもち、六二年には全日空の岡崎嘉平太社長の日中貿易に関する提案をもって訪中し、「日中覚書貿易協定」の締結にも貢献。岸元首相の実弟、佐藤首相とも馬が合わず、当時、党内の「親中派」と呼ばれる議員たちとともに、中国との関係改善の道を模索していた。

松村は一九七〇年三月一一日に池田会長を訪ねる。松村はこの一年前、後に竹下内閣で郵政相を務めた片岡清一を後継者に指名して政界から引退しており、自民党の枠にとらわれずに動けるようになっていた。松村はこのときまでにすでに四回も訪中し、日中関係の改善に尽力してきたが、それまでの自民党政権の下では突破口を開けないでいた。

彼はまず、知り合いの新聞記者に池田会長への橋渡しを頼んだという。その記者は創価学会の山崎尚見副会長に対し、「先般の池田会長が行った、学生部総会での日中提言を知ったが、ぜひ池田会長にお目にかかりたい、そして日中関係についてお話ししたいので、池田会長に取り次いでほしいという方がおられる。その人は日中関係のため、老体をおして尽力している松村謙三という人です(8)」と述べ、池田会長との会見をセットしてくれるように依頼したという。

山崎副会長は直ちにこの話を池田会長に伝え、一九七〇年三月一一日、池田・松村会談が実現する。場所は東京・渋谷区の創価学会分室、今の東京国際友好会館で、松村はこの日、和服姿で子息の松村進とともにやって来た。会談は約一時間行われたという。

松村はこの席上、次のように語った。

「池田会長、あなたは中国へ行くべきだ。いや、あなたのような方に行ってもらいたい。私と一緒に中国へ行きましょう。ぜひとも、あなたを周恩来首相に紹介したいのです」

松村はそれまでに四回訪中し、四回とも周首相と面会していた。彼には、周首相に池田会長を引き合わせるだけの力があった。

七〇年三月当時、松村はすでに八七歳であり、しかも病の身であった。にもかかわらず、周首相と池田会長とを会わせたいという一心から、五度目の訪中を決意していた。まだ四二歳という若さであった池田会長に、松村は自分には見届けられそうもない日中国交正常化の後事を託そうとしたのではなかったか。

だが、池田会長はそのとき、次のように答えたという。

「ありがたいお話ですが、私は宗教者であり、創価学会は仏教団体です。いまの中国は社会主義体制です。その国に、宗教者の次元で行くわけにはいかないと思います。国交を回復するのは、政治の次元でなければなりません。したがって、私の創設した公明党に行ってもらうようにお願いしましょう」

そして、池田会長は「(私自身も)時機を見て、必ず中国にまいります」と付け加えたという。日中国交正常化に向けての尽力を公明党に託すことは、六四年に公明党を創立した段階から、彼が明確に決めていたことだった。彼が公明党結党に際して、唯一要望したのが中国との国交回復に力を注ぐことだったという。

池田会長の考えを即座に理解した松村は、次のように応じた。

「じつにありがたい。分かりました。公明党のことも、池田会長のことも、全部、周首相にお伝えします」

これによって「自民党―松村―池田―公明党」というラインができ上がり、松村はこの池田会長との会談のあった日から九日後の一九七〇年三月二〇日、人生最後となる五回目の訪中に出発した。中国滞在中、周首相とも面会を果たし、約束通り池田会長のことを伝えた。これに対し、周首相は松村に、次のようなメッセージを託したという。

「池田大作会長に、どうかよろしくお伝えください。訪中を熱烈に歓迎します」

この言葉によって、日中国交回復への重い扉が徐々に開き始める。

六、公明党第一次訪中代表団

選挙中の異例の訪中

周恩来首相から公明党に対して「訪中を歓迎する」との招請電報が届けられたのは一九七一年六月八日のことだった。松村謙三が訪中して創価学会の池田大作会長の意向を伝えてから、一年余りが過ぎていた。その間、水面下でさまざまな調整作業が行われたことは、想像に難くない。

この六月八日は第九回参議院議員選挙（六月四日公示、同二七日投票）の真っ只中であり、公明党の幹部たちは各地に遊説に赴いていた。しかし、公明党は電報を受けた翌日に緊急役員会を開き、一五日からの訪中を決定し、中国側に伝えた。

常識的に考えれば、参院選を終えて七月に入ってから訪中するのが妥当であったろう。国政選挙の最終局面に党幹部たちが日本を離れては、応援演説などの大事なスケジュールに穴があく。そうしたマイナス要素に目をつぶり、あえて参院選中の訪中を決めたのである。

それは、日中国交正常化が、党創立時からの最重要課題の一つであったからにほかならない。実際、公明党は結党大会においても、党の活動方針の中で中華人民共和国の承認と国交正常化の推進を謳っていた。また、一九六九年一月の第七回党大会では、「日中国交正常化のための方途」と題する具体的方策を打ち出している。

公明党の悲願が結党六年目にしてようやく実現に向けて動き始めたのだ。何をおいても、そこに向かうチャンスをつかむことを最優先すべきだと考えたとみてよかろう。

また、実は、このときの参院選では、日中国交回復の実現が争点の一つにもなっていた。そこで、「国交回復実現に努力することは国民から負託された政党の責務」であると判断し、異例の「国政選挙中の訪中」となったのである。

周首相が公明党をパイプ役に

第一次公明党訪中団に参加したのは、国会議員では竹入義勝（党委員長／当時・以下同）、浅井美幸（副委員長）、正木良明（政策審議会長）、大久保直彦（広報宣伝局長）、渡部一郎（中央執行委員）の五人。ほかに、非議員の団員として、後に党書記長となる市川雄一（機関紙局長）らが同行した。出発前、池田大作会長は訪中団に対して、次のように述べたという。

「私の名前を出す必要は、一切ありません。あくまでも、誠心誠意、中国の指導者の話を伺い、誠心誠意友好を進めていくことです」

松村謙三に伝えた言葉の通り、池田会長は「国交を回復するのは、政治の次元でなければならない」と思い定め、自身は前面に出ないと決めていたのだ。

だが、中国側、とりわけ周首相は、池田会長が創設した政党だったからこそ、公明党を信頼し門戸を開いたようだ。前述したように、周首相は一九六〇年代初頭から創価学会の存在に注目していた。六八年の提言に続き、その後もさまざまな機会に日中国交正常化を訴え続けた池田会長への信頼が、そのまま公明党への信頼につながっていったに違いない。

中日友好協会副会長を務めた黄世明《こうせいめい》は後年、「公明党は池田先生が創立した政党です。彼らが正式に訪中できたのは、池田先生の六八年の講演があったからです」と証言する。黄によれば、公明党訪中団を迎える前、中国外交部では重要資料の一つとして池田提言が印刷・配布されたという。また、当時、朝日新聞社の北京特派員だった秋岡家榮は、「（池田）会長の使者として、周首相は、公明党代表団を見ていました」と述懐している。

こうして、周首相は、日本との国交正常化の前段階として、自民党でも社会党でもなく、結党八年目でまだ議員も少なく、日中友好の面でもそれまでは特に実績のなかった公明党を、日本政府との「パイプ役」に選んだのである。

公明党が示した「復交五原則」

一九七一年当時、日本から中国への直行便はなかった。公明党訪中団は香港経由で広州に入り、そこから北京へと向かった。北京入りは七一年六月一七日。翌一八日に歓迎宴が開かれた。席上、公明党側は日中国交回復に向けて党の方針を示した「復交五原則」を発表した。その要点は以下のようなものだった。

① 中国はただ一つであり、中華人民共和国は中国人民を代表する唯一の合法政府であると認める。
② 台湾は中国領土の不可分の一部であって、台湾問題は中国の内政問題である。
③ 「日台条約（日蔣条約）」は不法であり、破棄すべきである。
④ 米国は台湾と台湾海峡地域から撤兵すべきである。
⑤ 国連のすべての機構において、中華人民共和国の合法的権利を回復すべきである。

五原則は六八年の池田提言の内容を踏まえたものであったが、当初、中国側はこれに不満を表明。「アメリカ帝国主義に反対することを明記するように」と迫った。かつて、社会党訪中団は「米帝国主義は日中両国人民の共同の敵」と表明しており、公明党に対しても、同様の姿勢を望んだわけだ。しかし、公明党側はそれを受け入れず、交渉は決裂の一歩手前までいった。

訪中団が日程を切り上げての帰国を決意し、荷物をまとめていたときのことだった。周首相の側近がそこに割って入った。中国側代表団のスタッフが決裂寸前の状況について報告すると、周首相はこう述べたという。

「中日国交正常化は最も重要な鍵であり、台湾問題も最も重要な鍵です。彼ら（公明党訪中団）はこの点について明確です。これでいいではないか」

そして周首相は自ら訪中団と会見すると言明したというのである。(9)

公明党訪中団の北京滞在は六月二九日までの予定だった。周首相と訪中団との最初の会見はその前夜、二八日の午後一〇時から翌日午前零時過ぎまで、約二時間半にわたって行われた。

この席で、周首相は次のような見解を述べた。

① 公明党の「復交五原則」を支持する。

② 国交回復に向けて双方のすべての意見が一致することは不可能であり、世界観や立場が違っても友好関係は促進できる。また、すべての意見の一致が国交回復の条件ではない。

③　日本は隣邦であり、日本と国交回復し、戦争状態を終結することは重要である。
④　中国は国連での安全保障理事国としての合法的地位を回復すべきであり、蔣政府（台湾）の地位を国連から取り消すべきである。

そして周首相は最後に「皆さんは明日（六月二九日）帰られますか？　こんな有意義な会談がなされたのに、何も文献に残さないのは残念です。なんとか文献に残しませんか？」と切り出した。この一言で訪中団の滞在日程延長が決まった。

共同声明に調印

公明党訪中団はその後、六月二九日から四日間を費やして、中国側との「共同声明」起草に取り組んだ。

その間、周首相は六月三〇日にも再び公明党訪中団と会談、約四時間にわたって意見交換をした。その際、周首相は「皆さんと知り合うのは遅くなったけれども、長年の知己のようだ」「中日友好のため、重要な地位で働かれることを期待する」などと述べ、公明党に期待を寄せた。

二日後の七月二日、公明党訪中団と中国側（中日友好協会代表団）との間で、共同声明に調印がなされた。それは、「双方は、平等協議と求同存異（相異点は残したまま、共通点を見つけ出していく）の精神に基づき、中日関係、当面の情勢など共通する問題について十分に意見交換を行った」と述べた上で、公明党訪中団の復交五原則を中国側が「中日両国人民の願望と利益に合致する」ものと認め、支持するという内容であった。当初、五原則に難色を示した中国側が、周首相の決断で、違いは違いとして受け入れ、同意したのだ。

もちろん、これは政府間の声明ではなかったものの、果たした役割は大きかった。結果的に、これが翌年の日中共同声明のひな形となったからだ。日中国交正常化交渉の土台が、この公明党第一次訪中によって、築かれたのである。

この共同声明は、日中友好を望む人々の間で高い評価を与えられた。日中議員連盟の藤山愛一郎会長は「今回の訪中の成果は日中国交回復のための歴史的一里塚だと思う」と称賛。マスコミも「日本政府が五条件を受入れるなら『中日相互不可侵条約』締結の用意もある、との意向を示したことは、一政党との共同声明というレベルをこえて、この諸条件が今後の日中復交をめぐる話合いの基礎となることを示唆している」[10]とその意義を評価した。

公明党第一次訪中団は実に二二日間にも及んだ中国滞在を終え、七月六日に帰国した。

七、ニクソン・ショック

米大統領、訪中を電撃発表

この公明党第一次訪中団が帰国してからわずか九日後、国際情勢を一変させる激震が起こった。

一九七一年七月一五日、米国のニクソン大統領が、「周恩来首相の招待で北京を訪問する」と、自らの訪中を予告するテレビ演説を行ったのだ。大陸の中華人民共和国と長期にわたって敵対し、台湾の中華民国政府を中国唯一の合法政権だとみなしてきた米国が、対中政策を大転換したのである。この電撃的な「訪中宣言」は、翌月のドル・ショック（米政府による、ドル紙幣と金との兌換停止宣言）とともに「ニクソン・ショック」と呼ばれている。世界にとって青天の霹靂《へきれき》であり、日本にとっては佐藤栄作内閣を震撼させる大事件だった。

この電撃発表に至るまでには、水面下で極秘交渉が続けられていた。米国は、同盟関係にある日本政府の頭越しにキッシンジャー大統領補佐官を北京に派遣していたのだ。

キッシンジャーは七月八日、アジア各国歴訪の一環としてインドからパキスタンに入ったが、突然、病気と称して公式の場から姿を消した。中国に密かに入国し、同月九日から一一日まで北京に滞在、周恩来首相と会談し、ニクソン大統領の訪中をお膳立てしていたのである。そして米国政府は同月一五日、ニクソン大統領が七二年五月までの適当な時期に訪中すると発表した。

米政府がキッシンジャーの北京訪問の事実とニクソン訪中を日本に知らせてきたのは、ワシントンでの公式発表のわずか三〇分前だった。ホワイトハウスのスタッフがこの件でワシントンの日本大使館関係者に電話をしてきたのは一五日の夜。日本側は言葉の端から「ニクソン訪中」に関するものだと推測したというが、国務長官のロジャーズが牛場信彦駐米大使に電話で正式に伝えたのは午後一〇時を過ぎていたとされている。

米国が突然、対中外交を大きく変更したことについてはいくつかの理由が指摘されている。その一つがベトナム戦争で、米国の変身ぶりと身勝手さにショックを受けた佐藤首相はこの日、「ベトナム戦を早くやめ度《た》い、それが主眼か」と日記に書いている。その部分を見てみよう。

今日のビッグ・ニュースは何と云ってもワシントンと北京とで同時に発表された、米ニクソン大統領が来年の五月までに北京を訪問すると発表された事だ。キッシンジャーが国務省をぬいてカラチから北京入りしたものだが、発表までよく秘密が保たれた事だ。牛場大使に対しては、発表前僅《わず》か二時間ばかり前にロジャーズ長官から通報をうけ、日本や国府との干係《ママ》にはかわりないとの事。中身はわからぬが、ベトナム戦を早くやめ度《た》い、それが主眼か。それにしても北京が条件をつけないで訪支を許した事は意外で、いろいろ噂話も出る事と思ふ。而《しか》して発表が正午前だったので、夕刊は一斉に大々的に報導《ママ》する。何《いず》れにしても中共の態度も柔軟になって来た証拠か。すなほに慶賀すべき事だが、これから台湾の処遇が問題で、一層むつかしくなる。(11)

米国とベトナム戦争

インドシナ半島のベトナムは当時、社会主義のベトナム民主共和国（北ベトナム）と資本主義のベトナム共和国（南ベトナム）に分かれ、「北」はソ連（現ロシア）や中国の支援を受け、南ベトナム解放民族戦線を支援して南北統一を目指していた。一方、米国はそれを阻止しようとして「南」の政府を全面的に支援し、泥沼の戦いが続いていた。米国は北ベトナムに対する空爆を繰り返し、米軍だけで五〇万人を超える兵士を投入しながら、事態を好転させることができなかった。

このため、米国の財政状況は急速に悪化し、対外債務も増大。前にも触れたが、ニクソン大統領は一九七一年八月一五日、金・ドルの交換停止を断行する。ドルの価値を下落させ、対外債務を相対的に軽減し、輸出を増やすことで米国経済の立て直しを図ったわけだが、米国は経済的にそこまで追い込まれていたということでもある。また、ベトナム戦争の長期化と泥沼化によって米国内では反戦運動が活発化し、一般市民の間に厭戦ムードも広がりつつあった。

ニクソン大統領は、こうした状況の中で、「北」の背後にいた中国と手を結ぶことで、ベトナムから手を引くことを選択したとみてよいだろう。しかも、中国は米国の最大のライバルだったソ連と社会主義の路線をめぐって仲たがいしており、米国としては、中国と連携することでソ連を牽制することもできる。ニクソン大統領とキッシンジャー補佐官はこうした計算をしながら対中接近を図っていった。

また、世界では、アジアとアフリカの新興諸国を中心に、大陸中国と外交関係を結ぶ国が増えつつあったこともあり、中国を除外していては「アジアの平和を実現することができない」という判断もあった。しかし、問題は中国との関係改善が、とりもなおさず、台湾の切り捨てにつながっていくということだった。米国は大陸の中華人民共和国の国連加盟を認めるものの、台湾の中華民国の追放には反対した。このため、日本などとともに、台湾の国連追放について、加盟国の三分の二以上の賛成が必要とする重要事項にすべきだとの提案を行った。が、否決され、一九七一年一〇月、ついに中国の国連加盟、安全保障理事会の常任理事国復帰と台湾の国連追放が決まった。

突き返された保利書簡

ニクソン大統領の対中政策の大転換は、確かに、こうした大きな歴史の流れを見据えたものだったわけだが、それに翻弄された日本や台湾にとっては、自国の利益を最優先し、ドライに動く、国際政治の厳しさをまざまざと見せつけられる形となった。

しかし、それでも、佐藤内閣の動きは鈍かった。米国の対中接近に伴い、日本国内でも中国との国交正常化を求める機運が急速に高まり、これを受けて、台湾との関係を重視していた佐藤首相もようやく重い腰を上げた。こうした中、自民党の保利茂幹事長は一九七一年一一月、訪中する東京都の美濃部亮吉知事に周恩来首相宛ての書簡を託し、日中国交正常化の話し合いをしたいとの考えを伝えようとした。保利幹事長はこの中で、①中華人民共和国が中国を代表する政府である、②台湾は中国国民の領土である――との立場を明らかにしたのだが、周首相は一一月一〇日、北京で美濃部知事と会談した際、次のように語ったとされている。

「この手紙は中華人民共和国が、中国を代表する唯一の合法的政府であるという〝唯一〟という言葉を用いておらず、台湾は中国国民の領土であると言って、〝台湾独立〟の策動に逃げ道を用意している」(12)

周首相はこの保利書簡を突き返し、この結果、対中関係改善への自民党独自のルートは閉ざされてしまった。

【保利書簡】

拝啓、今回美濃部東京都知事が貴国を訪問、親しく周恩来閣下に拝晤《はいご》の機会を与えられる由承《よしうけたまわ》り、屢々《るる》都知事と談合のうえ、甚だ乍《なが》ら失礼都知事の御快諾を得て、日本国自由民

主党幹事長として周恩来閣下に深甚なる敬意を表し、一書を拝呈いたします
周恩来閣下には、中華人民共和国樹立以来長年月に亘《わた》り国家経営の重任を享《う》けられ、方寸誤らず今や将に鴻業《こうぎょう》成り、国際社会に於ける一大雄邦として発展を遂げられつつあることは、隣邦として誠に慶賀に堪えない次第であります　ここに至る閣下積年の御苦労を拝察謹んで御喜び申し上げます　我が国も亦《また》廃墟の中から困難な幾山河　試練を経て平和国家として我が先人未踏の新しい理想に向って精励して参りました

　つらつら思いまするに亜細亜に於《お》ける貴国と我が国の関係は　国際情勢に左右され最も近くして最も遠いという甚だ不幸な間柄になって居りますが、今日もはやこの不自然な状態を此儘《このまま》放置することは許されないと信じます　この状態を早急に克服し新しい両国の関係を樹立すべき時が到来して居ると存ずる次第であります　私は由来中国は一つであり、中華人民共和国は中国を代表する政府であり、台湾は中国国民の領土である、との理解と認識に立っております　同時に我が日本国は飽迄《あくまで》平和国家、福祉国家としての大道を踏まえ、余力を亜細亜に貢献する方策を探究実行すべきであり、況《いわ》んや我が国を再び軍国化するが如きは断じて排除すべきであると確信いたし、又その危険と懸念は無用であることを確信いたします

　近時我が国からは各政党や民間関係者が相踵《つ》いて貴国を訪問して居りますが、之等をお招きいただいた御厚情に対し厚く御礼申し上げます　私共と致しましては、今後事情の許

される限り各界各層の貴国人士が来日され、我が国への理解を一層広く深め下さることを希望いたします

我が自由民主党は如上《じょじょう》の立場と見解に立ち、今後これ迄の中日関係を繞《め》ぐる方策についても十分なる再検討を加えつつ、両国関係を速かに正常化いたすよう一段の努力をいたし、相携え相協力して亜細亜と世界の平和を確立することを強く念願して居ります

右様の見地から私は一日も速かに両政府間に話し合いを持たれることを望んでおりますが、これに先立ち、私自身、我が党を代表して貴国を訪問し、総理閣下並に当路の方々と胸襟を開き話し合う機会を与えられざるや否や、与えられることを心から念願いたします

総理閣下がこのことにつき深甚なる御配慮を賜りますれば幸甚の至りに存じます

遙かに貴国の弥栄《いやさか》と総理閣下の益々の御健祥を奉祈いたします。　頓首再拝

昭和四十六年十月二十五日

自由民主党幹事長

保利　茂

周恩来総理閣下(13)

これ以外にも、政府・自民党は党内の親中派議員である川崎秀二や元外相の藤山愛一郎らのパイプを使って国交回復のための話し合いを模索したが、いずれも成功することはなかった。

1972年２月21日、北京空港に着き、出迎えの周恩来首相（右）と握手するニクソン大統領（AFP＝時事）

中国側に佐藤政権に対する不信感があったからだ。

実現したニクソン訪中

もたつく日本を尻目に、米国のニクソン政権は対中関係の改善に邁進する。キッシンジャー大統領補佐官は一九七一年一〇月、今度は堂々と大統領専用機「エアフォースワン」で再び中国を訪問。同月二〇日から二六日まで合計一〇回、二五時間にわたって周恩来首相と会談し、ニクソン大統領訪中に際して出される米中共同コミュニケの内容を固めたとされている。また、この長時間にわたる会談では両国関係だけではなく、世界情勢についても意見交換がなされ、双方の国益という立場から日本の駐留米軍の問題も

1972年２月21日、米中会談での毛沢東主席（左）とニクソン大統領（AFP＝時事）

話し合われたという。

　ニクソン大統領が、中華人民共和国建国後に初めて訪中した米大統領として、北京の土を踏んだのは一九七二年二月二一日午前一一時三〇分。北京空港には周首相が出迎え、ニクソン大統領は周首相のエスコートで三五〇人から成る陸海空軍の儀仗兵を閲兵した。この模様はテレビの衛星中継で全世界に流され、衝撃を与えた。ニクソン大統領はこの後、北京・中南海の豊澤園にある最高指導者、毛沢東主席の住居「菊香書屋」を訪れ、毛主席と一時間以上にわたって会談。午後は随行したキッシンジャー補佐官やロジャーズ国務長官らとともに人民大会堂で周首相らと実務会談を行い、終了後、人民大会堂での中国側主催の歓迎レセプションに臨んだ。

ニクソン大統領は中国に二八日まで滞在し、この間、北京では万里の長城などを見学、観光地として有名な杭州も訪れた。上海で発表した米中共同声明で、米国側は中国が一つであり、台湾が中国の一部であるとの主張に異議を唱えないと表明し、米中関係の正常化に努めることを確約した。これがいわゆる「上海コミュニケ」といわれるもので、その後の米中連絡事務所の相互設立、さらには七九年一月一日の米中国交正常化につながっていくことになる。

【上海コミュニケ　一九七二年二月二八日（抜粋）】

中華人民共和国とアメリカ合衆国の指導者は、長年にわたって接触がなかった後をうけて、今回各種の問題に関する見解を相互に忌憚なく提示しあえる機会を持ったことを有益と認めた。双方は、重要な変化と大きな変動が起こりつつある国際情勢を検討し、また、各々の立場と態度を詳らかにした。

中国と米国の社会制度と対外政策には本質的な相違が存在している。しかしながら、双方は、各国が、社会制度のいかんを問わず、すべての国の主権と領土保全の尊重、他国に対する不可侵、他国の国内問題に対する不干渉、平等互恵、及び平和共存の原則に基づき、国と国との関係を処理すべきである旨合意した。国際紛争は、この基礎に基づき、武力の使用または威嚇に訴えることなく解決されるべきである。米国と中国は、相互の関係においてこれらの原則を適用する用意がある。

国際関係におけるこれらの原則に留意しつつ双方は次のように述べた。

――中国と米国の関係正常化への前進は、全ての国々の利益にかなっている。

――双方共、国際的軍事衝突の危険を減少させることを願望する。

――いずれの側も、アジア・太平洋地域における覇権を求めるべきでなく、他のいかなる国家あるいは国家集団によるこのような覇権樹立への試みにも反対する。

――いずれの側も、いかなる第三者に代わって交渉し、あるいは、第三国についての合意や了解を相互に取り決める用意もない。

双方は、いずれかのある大国が、別の大国と結託してその他の国家に対抗したり、あるいは大国が世界中を利益圏に分割することは、世界各国国民の利益に反するものであるとの見解に立っている。

双方は、米中両国間に長期にわたって存在してきた重大な紛争を検討した。中国側は、台湾問題は中国と米国との間の関係正常化を阻害しているかなめの問題であり、中華人民共和国政府は中国の唯一の合法政府であり、台湾は中国の一省であり、夙《つと》に祖国に返還されており、台湾解放は、他のいかなる国も干渉の権利を有しない中国の国内問題であり、米国の全ての軍隊及び軍事施設は台湾から撤退ないし撤去されなければならないという立場を再確認した。中国政府は、「一つの中国、一つの台湾」、「一つの中国、二つの政府」、「二つの中国」及び「台湾独立」を作り上げることを目的とし、あるいは「台湾の地位は未確定である」と唱えるいかなる活動にも断固として反対する。

米国側は次のように表明した。米国は、台湾海峡の両側のすべての中国人が、中国はただ一つであり、台湾は中国の一部分であると主張していることを認識している。米国政府は、この立場に異論をとなえない。米国政府は、中国人自らによる台湾問題の平和的解決についての米国政府の関心を再確認する。かかる展望を念頭におき、米国政府は、台湾から全ての米国軍隊と軍事施設を撤退ないし撤去するという最終目標を確認する。当面、米国政府は、この地域の緊張が緩和するにしたがい、台湾の米国軍隊と軍事施設を漸進的に減少させるであろう。

双方は、今回の訪問の成果が両国関係に新しい将来を開くであろうとの希望を表明した。双方は、両国の関係正常化は米中両国国民の利益に合致するばかりでなく、アジアと世界の緊張緩和に資するものと信ずる。(14)

前述したように、ニクソン訪中は、日本に実に大きな衝撃を与えた。しかし、中国側から不信感をもたれていた佐藤内閣は、有効な手立てをほとんど打つことができなかったのである。

八、田中内閣の成立

佐藤首相の退陣

この当時、佐藤内閣が抱える外交課題には沖縄返還問題もあった。沖縄は、サンフランシスコ平和条約に基づき、一九五二年四月以来、米国の施政権下に置かれていた。そして、東西冷戦が激化する中、沖縄には軍事基地が次々に造られ、米軍兵士による事件・事故も多発した。このため「本土復帰」を求める声が日増しに高まり、六九年一一月、ニクソン大統領と佐藤首相との日米首脳会談で七二年の沖縄返還が決定。七一年六月一七日に沖縄返還協定が調印され、広大な米軍基地を残したままではあったが、七二年五月一五日をもって沖縄は日本に復帰した。

これで佐藤内閣の使命は終わったとの見方が強まり、政局はいっきに次期政権争いに進むこととなる。焦点の一つとなったのが日中問題で、総裁候補と目された実力者のうち三木武夫、大平正芳、中曽根康弘の三人が中華人民共和国を中国の唯一合法政権として承認すべきだと言明するようになった。

このうち三木は、七一年夏、松村謙三の葬儀参列のため来日した中日友好協会の王国権《おうこくけん》副会長と会談した際に訪中要請を受け、翌七二年四月一三日、単身北京を訪れ、周恩来首相と会見した。帰国後、三木は、①日中間の法的戦争状態は終わっていない、②中国を代表するものは中華人民共和国である、③台湾は中国の不可分の領土である——との明確な立場を打ち出す。

中国側も、国交交渉は次期政権を相手にするとの方針を固めた。七一年一二月二一日の覚書貿易のコミュニケ、七二年四月一三日の民社党訪中団との共同コミュニケ、同年五月の公明党第二次訪中団に対する見解表明など、こうした一連の機会を通じて、中国側はこの「復交三原則」が国交正常化交渉の前提であるとのメッセージを日本側に送り続け、その一方で、三原則に基づいて努力する日本の新政府代表者なら訪中を歓迎するとの方針を示唆した。こうした中で、七二年六月一七日、佐藤首相が引退を表明。七年半にわたった佐藤政権の幕引きを待って、日中国交正常化交渉が動き出すことになる。

田中自民党総裁の誕生

ポスト佐藤を争う自民党総裁選は一九七二年七月五日に行われることとなり、実力者の福田赳夫、田中角栄、大平正芳、三木武夫、中曽根康弘の五人が名乗りを上げた。このうち中曽根は最終的に出馬を断念、田中支持に回ることになった。

総裁選は第一回投票で過半数を取る候補者がなく、一位の田中と二位の福田との決選投票になった。その結果、大平支持票、三木支持票が田中に流れ、田中の圧倒的な勝利に終わった。田中、大平の間では、第一回投票で「何れ《いず》が勝っても助け合おう」という約束が事前に交わさ

れていたのだ。(15)

背反、裏切りが当たり前の政界で、田中と大平の二人ほど友情と信頼で結ばれた間柄はなかった。自民党内の派閥では田中は佐藤派、大平は池田派に属していたが、政治行動は一卵性双生児のように軌を一にしていた。田中は岸信介内閣で三九歳の若さで郵政相に抜擢され、その後も池田内閣、佐藤内閣で幹事長、通産相などの重要ポストを歴任、出世街道をまっしぐらに進んだ。一方、大平も池田内閣の官房長官、外相などを経て大平派を率いる実力者になった。

盟友と呼ぶにふさわしい二人だが、それぞれの生い立ちは異なっていた。

新潟県の貧農の息子として生まれた田中は、高等小学校を卒業すると上京し、働きながら夜学に通うなど苦学力行し、建築業者として独立。敗戦後の建築ブームに乗り、若手経営者の仲間入りを果たした。だが、田中はそれに満足せず、政界入りを志す。芦田均、吉田茂、岸信介、佐藤栄作らの首相に目をかけられ、政界の階段を駆け上がった。

一方、大平は香川県の農家の三男として生まれた。裕福ではなかったが、地元の旧制三豊中学、高松高商を経て東京商大（現一橋大）を卒業し、大蔵省（現財務省）に入省。官僚としてエリートコースを歩んでいく。

二人を結び付けたのは、大平が池田勇人蔵相の秘書官に任命されたときだった。若手代議士ながら才知に長けた田中に池田蔵相は目をかけ、田中も池田蔵相を慕って大蔵省大臣室に頻繁に出入りしていた。その間を取り持ったのが秘書官の大平だった。後に大平が政界を目指して衆院議員に立候補した際、田中は大平の選挙区に真っ先に駆けつけて応援、二人揃って当選するや衆院議員会館の部屋を隣り合わせにする親密さだった。

二人がともに実力者となり、迎えたのがこの総裁選だった。決選投票で大平は旧池田派の大半を率いて田中陣営に参加した。しかも、この田中・大平連合軍に加え、三木、中曽根両派も田中支持に回った。田中が政権の公約として掲げた「日中復交促進」が三木、中曽根両派の賛同を得たからだった。さらに、田中が総裁選直前に出版した『日本列島改造論』が一躍ベストセラーになり、田中人気が急上昇したことも勝因につながった。

その点、福田陣営は岸元首相、石井光次郎元衆院議長、賀屋興宣《おきのり》元蔵相など国民党政府（台湾）擁護派の大物を抱え、世論の動向を見誤ったことが敗因とされた。

いずれにしろ、田中がライバルの福田を大差で破ったのは大平の功績といってよい。田中はその功に報い、新内閣の重要ポストである外相を大平にあてがった。

歴史の空白を埋めるために——原田稔 創価学会会長の証言①

池田会長はなぜ日中国交正常化を提言したのか

これまで述べた通り、創価学会の池田大作会長（当時）は一九六八年、日中国交正常化を提言し、これを契機に創価学会を支持基盤とする公明党が正常化交渉の〝パイプ役〟として登場してくる。日中国交正常化が実現する経緯については政治家や官僚の証言でかなりの部分が明らかになっているが、池田会長が六八年という早い時期に「なぜ（外部から見れば、突然）国交正常化を提案したのか」という点については、これまで一般にはほとんど明らかにされてこなかった。日中復交の歴史を記録していく上で、この空白を埋める作業は不可欠となる。ただ、池田会長はこの点について、詳しくは語っていない。そこで、時事通信出版局では、当時秘書として身近に仕えていた創価学会の原田稔会長に取材し、提言に至った池田会長の思想と行動について詳細に語ってもらった（二〇一四年七月一八日）。インタビュアーは時事通信社の田崎史郎解説委員。

原田稔創価学会会長（左）と田﨑史郎時事通信社解説委員

六八年の時代状況

田﨑　一九六八年九月八日に、当時の池田会長が東京・両国の日大講堂で開かれた第一一回創価学会学生部総会で、日中国交回復を求める提言をされた。あれは現場でお聞きになっていらっしゃったのですか。

原田　あのとき、私は残念ながら現場にはおりませんでした。すでに秘書になっていましたから、本部で池田会長を送って迎えるという留守番役でした。会場にはいませんでしたが、提言の内容は事前に全部聞いていましたし、池田会長がその方向でいろいろ研究をし、文献も調べていることなども知っておりましたので、どういう内容かについてはすべて承知していました。

田﨑　歴史的に見ると、あの当時、あの段階で言われたのは本当に画期的ですよね。提言のことを最初に聞いたとき、どんな印象をもたれましたか。

原田　何よりも中国問題について発言するということは、

当時はかなり勇気のいることでした。その数年前には、浅沼稲次郎社会党書記長が北京で「米帝国主義は日中両国人民共同の敵」と発言したことが引き金になって、日比谷公会堂で右翼少年に刺殺される事件がありましたし。この問題に触れるということは、ある意味では命の危険すら覚悟しなければならないだろう、私は秘書として相応の備えはしなきゃならんなあと思っておりました。

田崎　そうした中で池田会長が発言されたというのは、大変なことだったわけですね。

原田　一九六六年に中国で文化大革命が勃発しましたね。日本の新聞では、(見せしめのために)三角帽子をかぶせられた幹部がトラックの上で縛られているような姿がどんどん報道される。中国はいったいどうなるのかと、かなり不安な気持ちを日本の国民全体が抱いた、そういう時期でした。それやこれやを踏まえてでしょうが、LT貿易も縮小されるという事態があって、せっかく開きかけてきた日本と中国の交流が、勢いを失ってきている。幾多の先人が苦労して積み重ねてきたものが、残念ながら後戻りしてしまう恐れがあった。池田会長としては、そういうときだからこそ、思い切った発言をして、この閉塞状況を打破すべきだという判断を下したのだろうと思います。

提言の原点

田崎　当時、日本は台湾との付き合いが主で、アメリカもそういう方針でやってきた。中国というのは、先ほどの文化大革命の話のように、当時の日本人も何か変な国だなと思っていたと思うのですが、池田会長は中国の何に注目されたのでしょう。

原田　やはりあれだけの人口を抱えている国、しかも新しい国として建国している最中であり、それなりの活力のようなものに会長としては注目したように私は思っています。

池田会長が中国の問題に「これは何とかしなければ」という思いを抱き始めたルーツは、戦争中の思い出にあるのではないでしょうか。会長は九人きょうだいの五番目で、上の四人はいずれも兵隊に行っております。長兄は中国に出征して、最終的にはビルマ（現ミャンマー）で亡くなるのですが、中国から一時帰国してきた際、日本軍の残虐な行為に憤り、「あれでは中国人がかわいそうだ。日本はいい気になっている」と語った。その一言がずうっと残っていたのですね。何とかそういうことをなくさなければいけないという、一番上のお兄さんのこのつぶやきが、ずうっと心に残っていた。それがまさに池田会長の中国に対する原体験で、日本と中国との関係を隣人としてより良いものにしていかなければならないと考える原点だったと思います。

もう一つは、戸田城聖二代会長が日中貿易について非常に高い意識をもっていたということですね。創価学会の本部が信濃町に移ってきて、本部の道を隔てたすぐ真向かいが高碕達之助さんの家でした。

田崎　そういうご縁だったのですか。

原田稔創価学会会長

原田　まさに本部の近くに高碕達之助宅があって、戸田会長は多分親しい関係を築かれていたと思います。そして池田会長も、会長就任直後の一九六一年ごろから高碕達之助さんといろんな交流があったようなのです。

六二年の秋ごろに、松村謙三さんと高碕達之助さんが中国を訪問して、周恩来総理に会って帰ってきた。そのことを、池田会長が新聞報道等で知ったか、あるいは高碕達之助さんからそれなりの連絡があったのかもしれませんが、（学会員の）早稲田と慶應の学生二人に、「ちょうど中国から帰ってこられた直後だから、学生として高碕先生のところへ行って、いろいろご指導を受けてらっしゃい」と言って、この二人に訪問させているのです。

二人の学生は高碕さんからいろんな話を聞いて、戻ってきてすぐその状況を池田会長に報告しました。それが、非常に素晴らしい内容なのですね。バンドン会議（アジア・アフリカ会議）のことから説き起こして、インドのネルー首相や、中国の周恩来総理、エジプトのナセル大統領といった指導者の人となりを滔々と語ってくれていたのです。二人は日中貿易についても、そういう角度からレポートをまとめた。そのレポートがまた非常に素晴らしい内容になっていたので、当時は学生部の同人誌的な機関誌だった『第三文明』の六三年新年号に、池田会長の判断でその高碕達之助さんへのインタビュー内容が掲載されたのです。

さらに、有吉佐和子さんとも六四年、六五年ごろからお会いさせていただいておりました。私も秘書として、有吉さんを池田会長につなぐようなことを何回かやりました。有吉さんも中国へ何回か行って毛沢東主席や周総理とも会見していますから、池田会長に「周総理からの伝言です」といってメッセージを伝えてくださったりしました。

こういう人間関係の積み重ねがあって、六六年には、有吉さんから「周総理が池田会長とお会いしたいそうです。まずは、中国側の若い方々とおたくの青年と、将来のことを考えて会談したらどうですか」という提案がありました。それが六六年七月に実現しました。

そのときに会ったのが孫平化さん、劉徳有さんたちです。さっきの二人の学生が六二年に高碕達之助さんを訪問した折は、まだLT貿易がスタートした直後で、孫平化さんが高碕達之助邸に書生として居候しているようなときでした。高碕達之助さんが二人の学生に「うちの庭を掃除していた、髪の毛のふさふさしている若者がいたでしょう」と。「ああ、いましたね」と二人が答えると、「あれが孫という男なんだよ」と紹介されたそうです。そのときはまだ髪の毛がふさふさしていたのでしょうね。その孫さんが六六年に中国側の代表で、こちら側はその後会長を務めた秋谷栄之助青年部参与を中心に、何人かのメンバーが参加して会談が行われました。創価学会の幹部と中国側のしかるべきメンバーが公的に会談、協議の場を設けたというのは、そのときが初めてだと思います。

田崎　なるほど。

原田　さらに言えば、外国人ジャーナリストで、中国問題について非常に詳しいロベール・ギランと池田会長は昵懇《じっこん》の間柄で、国際的な感覚から「中国をどうとらえるべきか」ということについての情報もしっかりと入手していたと思います。その関係でいうと、アメリカ人ジャーナリストでジョン・ガンサーという人がいましたでしょう、『アメリカの内幕』といった内幕もので有名な人物です。そうした人たちとの交流を通しながら、中国の問題についてより一層深く意識するようになっていったと言えると思います。

六八年の日中国交正常化提言に至るまでに、そういう段階がずっとあった。さまざまなことが積み重なっていって、その上で今、国際情勢を見るときに、「これはやっぱり、今こそやらなきゃならんな」という感じだったと思います。

批判と脅迫

田崎　当時、自民党内では台湾派の方が主流で、岸信介元首相、佐藤栄作首相も台湾を中心に考えていて、中国は脇に置いておくような状況でしたね。あのときの政治状況とか世の中の趨勢《すうせい》もそうだったと思うのですよ。その中で、池田会長が思い切った発言をされた。そのことで批判されるようなことはなかったのですか。

原田　いや、かなりありました。「赤いネクタイをした宗教者」と言われたこともありますし、何よりも提言を発表した翌日から学会本部には右寄りの人からの抗議の電話が殺到しました。中には「会長の命を狙うぞ」という明らかな脅迫電話もありました。当時、私は秘書としてお仕えしていたわけですが、池田会長は自宅に帰らずに、本部にしばらく寝泊まりしてさまざまな業務をこなしていたという時期もありましたね。

田﨑　先ほど文化大革命に触れられましたが、中国の毛沢東思想とか、文革のような思想に対する反発というか、批判的なお気持ちは池田会長の中にはなかったのですか。

原田　中国が毛沢東思想に基づいて建国しているその運動というのは、池田会長としては、「共産主義とはいうものの、実体はかなり民族主義的な思想ではないのか」という認識だったようですね。

田﨑　ぼくも田中派の取材を担当したとき、田中角栄首相から中国のことについて、「中国は便宜共産主義なんだ。国を統治するために共産主義を使っているだけで、実は違うんだ」という話を聞いたことがあります。池田会長も同じように見てらしたということなのですね。

原田　明らかに民族主義的な思想であって、言われているような共産主義とは違うのだ、というようなニュアンスですね。

井戸を掘った人々

田﨑　日中復交への「井戸を掘った人々」ということで、先ほど松村謙三さん、高碕達之助さん、有吉佐和子さん、孫平化さん、劉徳有さんたちの話が出ましたが、その中で池田会長が強く影響を受けたのはどなたですか。

原田　国交正常化提言前と提言後とに分けてお話しすれば、提言前については高碕さんでしょうね。また、提言後に池田会長が敬意を表したのは松村謙三さんですね。松村さんがあの提言を聞いた直後に「一〇〇万人の味方を得た」という話をなさったということは、情報として入ってきました。提言から一年半後の一九七〇年三月、池田会長のもとを高齢の松村さんが訪ねてきてくれまして、「私の半生を傾けた日中交流事業の後事を託すのはあなたしかいない。ぜひ一緒に中国を訪問しましょう。周首相にも紹介します」というようなことを直接言いに来てくださいました。そういうことなどがありましたので、国交正常化提言以降、大きな影響を受けたのは松村謙三さんだと思います。

田﨑　当時からすると、異端の人たちだったわけですよね。

原田　そうですね。保守系の中でも松村さんは改進党といわれた方の政治家ですからね。

田﨑　その方々が中国との友好関係構築に向けて動かれていたわけですが、彼らが動いたのはどういう動機だったのか。池田会長と同じような問題意識だったのですかね。

原田　いま名前の出たような方々が動いたのは、やはり池田会長とそんなに変わらないと思います。隣国の中国とどういうふうに付き合いをするのか。あれだけの人口を抱えている国とまだ戦争状態が続いているということは決して好ましくないし、一刻も早くそれは解消すべきだろう、そういう考えでしょうね。

田崎　振り返ってみると、池田会長も大きな役割を果たされた。高碕達之助さんも、松村謙三さんも、孫平化さんも、有吉佐和子さんも、それぞれ歴史的に見るとかなり大きな役割を果たされたということですよね。

原田　日本と中国の最も大変な時期に、それぞれの方が必死の努力で民間と民間とをつなぎ合わせ、経済の交流に一縷《る》の望みを託しながら、閉塞状況をくぐり抜けようとした。何とか日本と中国との交流が途絶えないようにしよう、そういうことだったのだろうと思います。それはそれは、本当に大変な努力をされたと思いますね。

第二章　開かれた扉

一、大平外相の極秘指令

体制づくり

日中正常化を求める国民世論を背景に誕生した田中角栄内閣は、一九七二年七月七日の初閣議後、首相談話を発表し、「外交については、中華人民共和国との国交正常化を急ぎ、激動する世界情勢の中にあって、平和外交を強力に推進していく」との決意を表明する。外務大臣に就任した大平正芳は、同日登庁すると早速、橋本恕《ひろし》アジア局中国課長を大臣室に呼び出した。橋本課長は、後にこの日の模様を追想して、次のように語っている。

七月七日の田中内閣の組閣がなって大平外相が初登庁してきて「橋本（中国）課長、大臣がお呼びです。すぐきてくれ」と秘書官から連絡がきた。何ごとか、と大臣室に行ったら、大平さんは人を遠ざけてこう言うんですよ。「夕べ、赤坂の千代新（料亭）で角さんといろいろ政権構想を話した。党・政府の人事と政策だ。そこで田中と二人で是非とも日中国交正常化をやろうと決めた。ついては、自民党には中国問題特別委員会があり、その動きは知っているだろう。小坂（善太郎）委員長だ。外務省内も知ってのとおりだ。そういう状況のもとだから、ただちに正常化のいろんな準備が必要なんだ。キミは極秘裡に、早急に準備を始めてくれ」と。そしてね「このことは事務次官にも話をするな」というんですよ。これには一瞬、私も困ったが、「わかりました」とハラをくったのです。

もともと私は、国交正常化をめぐっては省内では孤立していましたからね。これが大平外相初登庁の出来事で、日中国交正常化の始まりだったわけです(16)。

大平外相が就任早々こうした極秘指令を発したのは、外務省全体が前政権下での台湾擁護ムードから脱することができず、日中国交回復には冷ややかな空気が強かったからだ。日中国交正常化を公約にした田中内閣の出現で世間のムードは一変したが、外務省内はそう簡単に動かなかった。例えば、牛場信彦駐米大使は七月一四日、ワシントンで記者団に「中国が国交正常化の前提にしている日中復交三原則は認められない」と公言した。外務省の空気は、こうした牛場発言に象徴されていた。ただ、この発言に対し、大平外相は七月一七日の記者会見で、「紙面から受けた印象は、新内閣の方針、東京の空気等に十分完熟していないかと思われる。

遺憾と思い、帰国を命じ、法眼（晋作）次官を通じて注意しておいた」と述べ、田中内閣の方針に反するものであったことを明らかにした。帰国した牛場大使は「誤解として受け取られたようで、ご迷惑をかけた」と陳謝した。

また、自民党内においても、福田赳夫に近いグループを中心とする台湾擁護派議員が、総裁選でのしこりを引きずって、田中・大平陣営の日中国交正常化方針に激しく抵抗する構えを見せていた。大平外相が省内で不用意に発言すれば、国交回復に批判的な外務官僚の〝消極的抵抗〟によって自民党台湾派にたちまち伝わり、軋轢《あつれき》を生むことは必定だった。

大平外相は極めて慎重にことを進め、橋本課長に対し、当初は直属の上司であるアジア局長にも内密に国交正常化の準備を進めることを命じ、自身に直接報告するよう指示したという(17)。

一方、橋本課長は大平外相の指示を守り、上司に報告しなかったものの、日中国交正常化に伴う法的側面を検討する必要から、栗山尚一条約局条約課長と、その上司の高島益郎条約局長には事情を説明して協力を求めたという。彼はその後、栗山課長とコンビを組んで国交正常化交渉の準備作業を進めることになる。

対米折衝の開始

また、大平正芳外相は、対中外交を進めるに当たり、米政府との事前の協議を重視した。台湾の法的地位、日米安保条約における「台湾条項」に関する協議が不可欠と判断したためで、対米折衝を法眼晋作外務次官に委ねた。
大平外相は政権発足直後、法眼次官には日中国交正常化に向かう方針を打ち明けていた。彼に代表される外務省内の保守派をすべて敵に回すことはできず、法眼次官を秘密折衝に加えることで、親台湾派との連携を阻止する狙いがあった。[18]
この策が功を奏し、法眼次官はそれまでの主張を転換、日中国交正常化を積極的に推進する立場に回った。彼は佐藤内閣時代からの留任組で、筋金入りの反共主義者。反ソ連（現ロシア）、反中国の台湾派であった。その法眼次官を取り込んだことで、外務省の方針が変わる。ただ、大平外相の思惑とは別に、彼には、日米が中国と接近することによって中ソ同盟に楔を打ち込み、ソ連を孤立させることができるとの読みがあった。従来の主張を変えたことを新聞記者に問われると、彼は、「君子は豹変するんだ」と苦笑したという。[19]
大平外相の指示を受け、法眼次官は七月一五日、条約局の課員一人を同行させ、インガソル駐日米大使と都内のホテルで極秘に会見した。この会見で彼は、田中内閣の中国政策の方針として、①日本政府が、中華人民共和国を、中国を代表する唯一の正統政府であることを、交渉開始の前提条件として進んで宣言する、②それゆえ、日中会談が成功に終わった結論として、国民党政府との公式な外交関係は、「当然の結果」として終了される、③しかしながら、台湾との経済関係と「事実上の交流」は継続される——の三点を伝えた。
法眼次官は、田中政権が台湾への安全保障上の関与を弱める意思がないことも表明。急速に中国へ傾斜していく田中政権の動きに懸念を強めていた米国政府を、安堵させた[20]。

「橋本レポート」

こうして、外交路線を日中国交正常化へと大きく舵を切った田中角栄首相だったが、実は自民党総裁選のはるか以前から、橋本課長を交えて周到な準備と検討を進め、国交正常化の断行という内心の決断を終えていたという。田中首相の秘書だった早坂茂三の著書に、次のような記述がある。

橋本恕

昭和四十六年七月、田中が自民党幹事長を辞める直前に、先輩秘書の麓《ふもと》邦明と私は、親しかった外務省の橋本恕中国課長と会い、日中復交を田中に実現させる見取り図の作成を依頼した。四十七年一月には橋本レポートができ、田中と総参謀の愛知揆一に私が届けた。その後、田中は橋本課長と問題点を入念に詰める。そして、二月の米中トップ会談の直前、田中は愛知、橋本、私と三時間にわたる徹底的な議論を交わし、台湾と手を切り、日米安保体制を堅持しながら日中国交正常化を実現できると確信した。この事実はその後、誰にも知られることはない。川崎質問への答弁には、こうした背景があったのである。(21)

この「川崎質問への答弁」とは、第三次佐藤栄作内閣の通産相だった田中が一九七二年三月二十三日の衆院予算委員会で、日中関係正常化の考え方についての川崎秀二議員の質疑に答えたもので、「予算委員会議事録」には次のようにある。

田中国務大臣　やはり日中国交正常化の第一番目に、たいへん御迷惑をかけました、心からおわびをしますという気持ち、やはりこれが大前提にならなければならないという気持ちは、いまも将来も変わらないと思います。日中間二千年の歴史、もっともっと古いかもしれません。しかも日本文化は中国文化によって育ったということでありますし、同じ基盤に立つ東洋民族でもございますし、恩讐を越えて、新しい視野と立場と角度から日中間の国交の正常化というものをはかっていかなければならないのだ、そういうしろ向きなものに対してはやはり明確なピリオドを打って、そこで新しいスタートということを考えていかなければならないだろう、私はすなおにそう理解しておりますし、これが中国問題に対する一つの信念でもあります。

早坂秘書によると、日中国交正常化の大前提には、「過去に大変な迷惑をかけたことを心からおわびしますという気持ちがなければならない」という田中の信念があったという。ただ、田中のこの答弁は当時、内外の一部で注目を集めたが、国交正常化の断行という彼の内心の決断については、ほとんどの人がまだ察知していなかった。

また、橋本課長は前掲のインタビューの中で、佐藤栄作内閣の下での田中、大平両人との〝秘密接触〟について、次のように述べている。

私はね、田中角栄さんが佐藤内閣の幹事長のときに秘書の早坂（茂三）さんと共同通信にいた麓（邦明）さんに「是非ともウチのオヤジに勉強させてやってくれ」と頼まれて、何度も田中さんのところに行っていた。そこで角栄さんは私と二人だけで中国問題を勉強していたんですよ。それから大平さんは、当時は党内野党というか冷や飯組みだったでしょう。割合ヒマがあったし、もともと中国問題をずっと考えていた人だから、たびたび私が話しに行ったり、大平さんのほうからよく電話がかかったりしていた。「この点はどうなんだ」とかね。

それで当時の外務省の中は、台湾の国民政府とは外交関係を切るべきではない、という意見が圧倒的に強かったのです。私が大平さんと田中さんに連絡に行ったのは、台湾の国民政府との外交関係を絶つという覚悟、つまり、一つの中国ということでないと、中国は絶対に正常化に応じませんよ、その決心ができなければ、いくら話したってムダです、と…。大平さんと田中さんと別個にいろいろ話しているうちに、その点は、お二人とも踏み切ったのですよ。[22]

「日台断交」を決意しなければ日中国交正常化は実現できない、と考えていた外務省の橋本課長が田中の助言者になったことは、台湾問題に対する基本姿勢を形成する上で、決定的な意味をもったといえる。「橋本レポート」は中国との国交正常化をどのような段取りで進めるか、国交正常化を行うに当たってどういう問題があるか、さらに米国、ソ連やその他のアジア諸国との関係に与える影響について、詳細に分析したものであったという。[23]

しかし、橋本課長の考えは、田中内閣が誕生するまでは、外務省内で急進的と受け取られ、少数派であったようだ。とはいえ、彼とペアを組んで大平外相の下で日中国交正常化の準備作業を推し進めた栗山条約課長は、後日、いよいよ日中関係打開へと乗り出す当時のアジア局の内情を次のように語っている。

こう言っては申し訳ないですけど、アジア局のなかを仕切っていたのは橋本課長なのです。橋本課長は大変な実力者でした。政治家との関係においても、自分自身の持っている中国観でも。中国語のできない人でしたけれどもね。中国語ができないで、中国課長があれだけ務まるっていうのは大変希有なことだと、私は尊敬しました。中国側の信頼は絶大だったわけです。後にも先にも、彼ほど中国側の信頼を勝ち得た外務省員はいないと思います。それほど信頼されていたのですね。したがって、日本の政治家との関係も非常に良かった。彼が全部仕切っていたのです。

橋本課長よりも上の人はもちろんおられるし、形の上ではきちんと決裁をとらなくては駄目なのですけども、実際は、私たちと橋本さんとの間で話がつけば、それはもう全部話がついたも同然だった。(24)

二、周・佐々木会談

「田中首相の訪中を歓迎します」

さて、田中角栄内閣の成立とともに日中国交正常化へのムードはいっきに高まり、社会党、公明党、民社党も田中内閣への積極的協力姿勢を相次いで表明。社会党の成田知巳委員長は、田中内閣が復交三原則を認めて国交止常化に取り組むなら、社会党はこれを支持し、超党派外交を実現すると言明した。こうした状況を受けて一九七二年七月一二日、佐々木更三元社会党委員長が、東京を飛び立って、中国へ向かった。

佐々木更三

佐々木元委員長は戦前からの〝日中不戦〟の闘士である。終戦後、日本社会党の結成に参加し、以後、この時点まで三回にわたって訪中し、毛沢東主席、周恩来首相と会談するなど、野党・革新勢力の立場から日中友好に力を注いできた。

彼は、四度目になる訪中に赴く前に田中首相、大平外相と会って、復交三原則、特に日華平和条約の破棄に関する考え方を質した。彼の質問は「本当に日華条約を破棄するつもりがあるのか」というもので、田中首相は「それはもっともなことだ。台湾の処理については絶対の確信がある。復交三原則を認めます」と答えたという。佐々木元委員長が「(周恩来首相に)そのとおり話してよろしいか、きみ責任を持つか」と念を押したところ、田中首相、それに大平外相も、はっきりと「それは必ず実行します」と答えた[25]。

そこで佐々木元委員長は訪中し、周首相との会談で、田中内閣の対中政策と、出発に先立って行った田中・大平との会見の模様を伝えた。これを受け、周首相は「田中首相が北京に来られることを歓迎します」と表明したという。

周首相は、田中首相らが国交回復問題を話し合うために訪中するなら、「北京空港は彼らのために開放しておく」とまで述べたという。周首相はさらに、①日本が「中日国交回復三原則」を完全に理解するなら、中国は満足する、②中国はニクソンと同等の外交儀礼をもって田中首相をもてなす、③中国は自民党内に台湾問題について論争があることを理解しており、同時に田中首相が時間をかけて「日華平和条約」問題を処理することに理解を示す、④中国は戦争賠償の問題について、融通の利く態度をとるだろう――などと約束したという。[26]

周首相は佐々木元委員長との会談の終わりに「社会党に外交権がないのだから、むろん外交権のある田中総理との間に正常化をいたしますが、こういう情勢をつくったのは、日本国民の長い間のたゆまざる努力の結果であります。したがってこういうふうに日中正常化を実現させるような情勢をつくった日本人民の努力に対しましては、深く感謝と敬意を表します。帰ったならば、日本の人民に対して、周恩来はよろしく感謝をするということを伝えてください」と表明。「日中正常化ということは、七億五千万の中国人民と一億一千万の日本人民の将来永久にわたって平和友好をするという一つの握手であります」と付け加えた。このことは佐々木元委員長に対する時事通信社のインタビューの中で明らかにされている。[27]

佐々木元委員長の進言

周恩来首相による田中角栄首相訪中歓迎の発言は直ちに日本に伝えられた。翌一七日、人平正芳外相は周首相発言を歓迎し、政府として必要な準備を進めていく、との談話を発表した。
帰国した佐々木更三元委員長は七月二二日、首相官邸に田中首相を訪ね、「周首相は田中首相と大平外相の訪中を歓迎する」との意向を正式に伝え、「訪中するなら早い方がいい」との考えを披瀝した。田中首相の早坂茂三秘書によれば、佐々木元委員長は田中首相に周首相との会談の内容を、次のように説明したという。

周総理が『田中総理は信用してよい人物か』と聞いたので、田中氏は岸、池田、佐藤三代の内閣の有力閣僚であったが、今は田中・大平連合軍のチーフである旨、また田中氏は五十四歳であり決断と実行を唱っており、先が長いために嘘は言うまい。国交正常化を田中氏がまじめにやる以上、われわれとしても田中氏に協力する、と言ったら、周総理はそれでよいと述べた。また、周総理は『田中総理と大平外相の訪中を歓迎する』と述べた。(28)

佐々木元委員長は二四日、大平外相とも会い、周首相との会談の模様を詳しく説明し、「田中首相とともに外相も訪中することが、中国との信頼関係を高めるためにも必要だ」と指摘。「訪中の時期は一〇月一日の国慶節前がよい」と述べ、「中国側が正式招待の形をとっているのだから、早急に正式な返事をすべきだ」と進言した。大平外相は「分かった。その方向で考慮する」と応えたという。(29)

社会党のジレンマ

以上が周恩来・佐々木更三会談の経緯だが、佐々木元委員長はその後、前掲のインタビュー記事(30)の中で、「倒すべき田中内閣だが、その田中内閣を利用して、日中正常化を図る」という点に矛盾を感じながら、大局的見地に立って奔走した心情を、率直に吐露している。

それによれば、周・佐々木会談で、周首相から「田中総理は、佐藤内閣やその他においても重要な役割を果たした閣僚ではありませんか。あなたはこれをどう考えますか」と問われ、佐々木元委員長は率直に「田中角栄君は佐藤亜流であります。岸、池田、佐藤の三内閣につかえて、大蔵大臣二回、通産大臣、郵政大臣、幹事長を二期にわたってやって、確か彼の時代に強行採決を二十数回やったそうです。そういう意味では資本主義政治家のチャンピオンであります。したがって私も社会党もこの田中内閣を批判し、闘争し、やがて倒さなければならない政権であります。（中略）ではあるけれども、われわれ社会党は政権を握ってないから、外交権がありません。そうすると日中正常化は一つの条約になりますから、たとえ倒さなければならない田中内閣であろうとも、この田中内閣を利用して、日中正常化を成し遂げるよりほかありません。そういう意味では二律背反の矛盾を感じます」と述べた。その上で、この際はアジアの情勢、世界の情勢からみて、戦争に終止符を打って日中正常化を実現することが、日中両国人民の利益にかなう緊急な必要事だと考えて、周首相を訪問したと答えている。

これに対して周首相も「革新政権もできる、そして国交回復もできるというならば、これに越したことはない。それができないで、どっちか選ばなければならない、二律背反の矛盾のどちらかを解決しなければならないということになれば、それは当然日中間のこの不幸な状態を解消する、日中国交回復をするということが、両国人民に最も必要なことだ」と述べ、両者で認識が一致した、と佐々木は語っている。

大平・孫会談で訪中招請

佐々木更三元社会党委員長が田中角栄首相を訪ねた七月二二日、都内ホテル・オークラの一室で、孫平化中日友好協会理事（上海舞劇団団長として来日していた）と蕭向前LT貿易（中日備忘録貿易）東京事務所代表が大平正芳外相と会談し、周恩来首相から田中首相への訪中の招請が口頭で正式に伝達された。なお、大平外相は前々日の七月二〇日、三木武夫国務相、中曽根康弘通産相、橋本登美三郎自民党幹事長、社会、公明、民社各党委員長らとともに藤山愛一郎・日中国交回復促進議員連盟会長が主催する「孫・蕭両氏歓迎レセプション」に出席し、孫、蕭の二人とあいさつを交わしていた。現職外務大臣として初めての中国高官との接触だった。

田中首相の秘書早坂茂三によると、大平外相は「田中総理にも会いたいという気持ちは承知しているが、総理は『自分も遠来の客を迎えたい気持ちはあるものの、ご承知のような国内情勢のため、最終責任者としての自分が会うことは辞退し、自分と一心同体である大平が会って

藤山愛一郎日中国交回復促進議員連盟会長主催の歓迎パーティーで中国要人と手をつなぐ政府首脳。左から三木武夫国務相、孫平化中日友好協会理事、大平正芳外相、藤山愛一郎会長、蕭向前ＬＴ貿易東京事務所代表、橋本登美三郎自民党幹事長

ほしい』と言われた。よろしく了承してほしい」と前置きして、会談に入ったという。

中国側からは、「周総理として、田中総理か大平外相が北京で周総理と直接首脳会談を行い、国交正常化問題について率直に会談をすれば、困難な問題が解決する道が開けると考えている。田中総理と大平外相が一緒に来てくれれば、なお一層歓迎する」と日本政府首脳の訪中について要請があった。

これに対して、大平外相は「田中総理にしろ、自分にしろ、国交正常化問題に政治生命を賭けており、この問題は日本にとっても運命的な問題であるから対内的、対外的諸問題や今後の政治日程も考慮して、訪中時期を考えたい」と述べたという。[31] こうして日中正常化の機運はさらに一段と高まっていったのである。

三、第三次公明党訪中団

政府案を持たぬまま

機運は高まったものの、実のところ、日中間には戦争賠償、日米安保条約の取り扱いなど極めてやっかいな問題が残っており、国交正常化に向けた交渉の前に、落としどころの目途をつけておかなければならなかった。だが、社会党の佐々木更三元委員長は、周恩来首相との会談で、これらの点について突っ込んだ話し合いを行ってこなかった。

この難度の高い役割を担うこととなったのが、七月二五日に中国へ向かった公明党の第三次訪中団（団長・竹入義勝委員長）だった。

公明党は、これより前の五月、前年に引き続いて第二次訪中団（団長・二宮文造副委員長）を派遣。会見した周首相は、日本の次期首相に田中角栄が就くことを見越した上で、訪中団に対し田中訪中への期待感を伝えていた。

第三次の公明党訪中団に関しては、当初、日中国交正常化に対する田中首相や大平外相の具体的な考えを事前にしっかり把握し、訪中したとみられていた。[32] しかし、内実は少し違っていたようだ。訪中団の竹入団長は後になって、次のような証言をしている。

「田中首相、大平外相とも日中復交は実現しなければならないという姿勢ではあったが、実際に一歩踏み出すのには慎重、むしろ消極的でもあった。田中首相や大平外相の側近らが書いた回想録の中には、政府首脳が私を特使として送ったようなことを書いているものもあるが、事実は逆で、紹介状など一筆も書いてくれなかった。（中略）日本政府のカードを持って行こうとした目論見は外れ、切り札なしの訪中となった」[33]

中国への出発に際して、両者の間にどのような打ち合わせがあったのか。田中首相、大平外相とのやり取りの本当のところは、今となっては知りようがない。

ここで、最近の若い研究者（香川大学法学部の井上正也准教授）のリポートを紹介しておこう。それによると、公明党訪中団に対する異例ともいえる中国側の接遇の背景には、訪中団が田中首相の命を受け、国交正常化の具体案を持参してくるという誤解があった。しかし、田中首相はこの訪中団を橋渡し役とはみなしていなかった。

結局、日本政府の共同声明案を入手できなかった公明党訪中団は、そのことを伏せたまま、彼らが独自に作成した「私案」を基に、周首相との会談に入らなければならなかった。

二七日の第一回会談で、「（あなたは）田中首相の伝言を持ってきているのですね」と念を押す周首相の前に、竹入は持参した共同声明案が私案であると言い出せず、そのまま私案に基づいて日本側の考えを説明した。政権の後ろ盾なしに行われた交渉は、かなりきわどいものであったといえよう。

しかし、後に述べるように、この独断専行は、結果として日中国交正常化への扉を押し開いた。周首相は、訪中団との会談を基に、中国側共同声明案を起草し、毛沢東主席の裁可を得た上で訪中団に示したのである。つまり、公明党訪中団の成果は、誤解と独断という二つの要素が偶然重なったものであった。しかも、それによって歴史はうなりを上げて動き始めるのである[34]。

「賠償請求権を放棄する」

話を七月二五日に戻そう。当時、東京から北京に行くには二泊三日を要したが、中国側は公明党訪中団を重要視し、特別に配慮して、出発したその日の夜のうちに迎え入れた。翌二六日の朝から訪中団と中日友好協会の廖承志会長との会談が始まり、周恩来首相との会談も二七日から三日間、延べ一〇時間にわたって行われた。ここで日中国交正常化に臨む中国側の基本姿勢が初めて明らかにされる。

二七日の第一回会談の席上、周首相は日本側が最も懸念していた日米安保条約などに対する中国側の基本姿勢について、次の三点を提示した[35]。

①　日米安保条約にはふれません。日中国交回復が出来たら中国への安保の効力は無くなります。

②　一九六九年の佐藤、ニクソン共同声明にもふれません。共同宣言が発表されて平和友好条約でいけます。あとは法律家にまかせれば良い。政治的信義が大事です。
③　日蔣条約の問題。田中首相は就任してから度々《たびたび》中国の政府が主張している復交三原則を理解していると云っていますが、これは尊重するという意味でしょうか。

最後の質問に対して、訪中団側は「そうです」と肯定した。この後、焦点の一つである戦争賠償問題について「中国側は賠償を求めません」という発言が出てくる。

周首相は「毛主席は賠償請求権を放棄するといっています。賠償を求めれば、日本人民に負担がかゝります。そのことは中国人民が身をもって知っています。清の時代には二億五千万両を日本に賠償しました。清朝はこれを利用して税を重くしました。これを全部払ったかどうか知りません。（義和団事件の際の）八国連軍の賠償は四億～五億両でした。四億ドル位で今では大した額ではありませんが負担を人民にかけることは良くない。賠償の請求権を放棄するという事を共同声明に書いても良いと思います」(36)と対日戦争賠償請求権の放棄を明言した。訪中団にとっては、まったく予想外の発言であった。

報道の波紋

二八日に開かれた第二回会談では、二七日付の東京新聞で報道された「首相訪中の際にまず戦争終結宣言　懸案、平和条約交渉で　政府・与党首脳筋」という記事が話題になった。記事は、田中角栄首相が訪中しても日本が中国を承認することにはならず、外交関係の回復も平和条約の発効後になるというものだった。また、同記事は、双方が戦争状態終結を確認した後、日中間で実質交渉を進めることになるとの政府・自民党首脳の見解を伝えていた。

周恩来首相はこれについて、「東京新聞の報道のように中国を承認しないのなら、田中首相は何しに中国へ来るのでしょう」「日台条約が締結された時、中華人民共和国は既に成立していた。しかし、こうした厳然たる事実を全く無視した日本が、台湾に逃げ込んだ蔣介石政権との間で中日間の戦争状態を終結させた。そのゆえ、これは非法的であり、無効であって、破棄されなければならない」と激しく批判。中日国交回復三原則と戦争終結の二問題は「中日共同声明」に明記されなければならないと主張した(37)。

その夜、竹入は大平外相に電話し、東京新聞の報道について質したという。

「こういう新聞が出ているんだけれども、総理があいうふうに言っているのか。日本を出てくるときの態度と変わっているのか」と言ったら、(大平外相は)「いやまったく変わっておりません」という。「では私が出てくるときの態度とまったく変わっていないということを確認していいんだな」と言ったら、「だいじょうぶです」と言いました。それをものすごく心配しまして、その晩また私、夜中に人民大会堂に連絡とりまして、とんでいって、日本政府の態度は変わっちゃいませんよ、と説明する一幕までありました。たいへん緊張したし、向こうも神経ピリピリしていましたからね。[38]

日中国交正常化の前段交渉での緊迫した状況が伝わってくる。こうした舞台裏から見ると、国交正常化は決してすんなりと実現したものではなく、世紀の難事業であったことがよく分かる。

示された共同声明草案

二九日に開かれた第三回会談で、周恩来首相は日本側の考えを踏まえ、二日間の会談のやり取りを総括した中国側の見解を伝える。いわば共同声明の中国政府案ともいうべきもので、後に日中交渉に決定的役割を果たすことになる。

周首相が中国側の共同声明草案を読み上げたとき、訪中団はそのコピーをもらおうとしたが、「書き取ってほしい」という。周首相が読み、それを通訳が日本語に訳すのを筆記し、今度は訪中団側が筆記したものを復唱し、それを通訳が中国語に訳して、周首相に再び確認するという、手の込んだ作業になった。

筆記を終えたとき、訪中団一同、「この条件ならば日中復交はできる。中国は譲れる限界まで譲歩した。ここまで日本の立場を配慮してくれたのだから、田中首相もいよいよ踏み切るだろう」と、確信したという。[39]

草案の内容は、以下の通りであった。

一、中華人民共和国と日本国との間の戦争状態は、この声明が公表される日に終了する。

二、日本政府は、中華人民共和国政府が提出した中日国交回復の三原則を充分に理解し、中華人民共和国政府が中国を代表する唯一の合法政府であることを承認する。これに基き両国政府は、外交関係を樹立し、大使を交換する。

三、双方は、中日両国の国交の樹立が、両国人民の長期にわたる願望にも合致し、世界各国人民の利益にも合致することを声明する。

四、双方は、主権と領土保全の相互尊重、相互不可侵、内政の相互不干渉、平等・互恵、平和共存の五原則に基いて、中日両国の関係を処理することに同意する。中日両国間の紛争は五原則に基き、平和的な話し合いを通じて解決し、武力や武力による威嚇に訴えない。

五、双方は、中日両国のどちらの側もアジア太平洋地域で覇権を求めず、いづれの側も他のいかなる国、あるいは国家集団が、こうした覇権をうちたてようとすることに反対するということを声明する。

六、双方は、両国の外交関係が樹立された後、平和共存の五原則に基いて、平和友好条約を締結することに同意する。

七、中日両国人民の友誼のため、中華人民共和国政府は、日本国に対する戦争賠償の請求権を放棄する。

八、中華人民共和国政府と日本国政府は両国間の経済と文化関係を一層発展させ、人的往来を拡大するため、平和友好条約が締結される前に必要と既存の取極《とりきめ》に基づいて、通商、航海、航空、気象、郵便、漁業、科学技術などの協定をそれぞれ締結する。(40)

以上八項目のほかに、周首相は「双方の黙約事項を作ったらどうかと思います。黙約事項は、宣言、声明の中に書き入れません。これについて、同意が得られるかどうか、相談してみてください」として、次の三点を提案した。

一、台湾は、中華人民共和国の領土であって、台湾を解放することは、中国の内政問題である。

二、共同声明が、発表された後、日本政府が、台湾から、その大使館、領事館を撤去し、また、効果的な措置を講じて、蔣介石集団の大使館、領事館を日本から撤去させる。

三、戦後、台湾における日本の団体と個人の投資及び企業は、台湾が解放される際に、適当な配慮が払われるものである。(40)

公明党訪中団一行は八月三日、周首相との会談内容を詳細に記録したメモを手に、高揚した面持ちで帰国した。

四、田中首相の決断

勇気付けた訪中団メモ

訪中団の団長を務めた竹入義勝委員長は、帰国翌日の八月四日、首相官邸に報告に行った。田中角栄首相に、周恩来首相との会談記録である訪中団メモ（いわゆる〝竹入メモ〟）を見せると、首相は「じっくり読ませてもらうよ」と読み始めた。後から駆けつけた大平正芳外相は、中国側の考えを箇条書きにした書類を見ると、それを持ってすぐに外務省へ引き返した。その翌日、竹入は再び田中首相をホテルに訪ねた。訪中団メモの内容に間違いはないか念を押す田中首相に、竹入が「一字一句間違いない」と答えると、首相は「わかった。中国へ行く」と言明した。(41)

大平外相にとって、訪中団メモの中で特に重要だったのは、賠償請求の放棄だった。外相秘書官を務めていた森田一は「もし賠償を請求されたら、日中国交正常化自体あきらめなければいけないというくらい、大きな問題であると思っていました」と述べている。このメモに勇気付けられた大平外相は、「とにかくやりましょうや」と田中首相を促した。ぶれの少ない大平外相が、公明党の訪中前には揺れていた首相の心を北京に向けたのだった。

田中首相は不退転の決意を固めた。そして「政治的責任は全部俺がかぶる。大平君、それから事務当局はしっかり交渉しろ」と外相らに命じた。[42] 訪中団メモによって中国側のハラの中をつかんだ田中首相と大平外相は、国交正常化に向けた準備をいっきに進めていく。

大平外相のみならず外務省事務当局も、訪中団メモによって、中国側が国交正常化を実現する意思があることを確信した。大平外相はそれまで、橋本恕中国課長に極秘に行わせていた準備作業を全省体制に移行した。橋本課長とともに準備作業を条約面から検討していた栗山尚一条約課長も、このメモによって、中国側が賠償請求を放棄するのは確実だと確信し、日米安保条約に触れない形での国交正常化が実現可能であると明確に認識するに至った。そして、日中共同声明の原案作成作業を本格的に進める。

田中訪中の前、栗山課長は一週間ほど東京を離れ、友人の別荘を借りて静かな環境の中で、日中共同声明を説明する際の大平外相の発言メモを作成したという。[43]

賠償請求放棄の背景

ところで、中国はいつから賠償請求の放棄を決めていたのだろうか。時代はさかのぼるが、一九五五年八月一六日付の「邦人引揚問題等に関する中国外交部の声明」で、中国外務省は「日本軍国主義者が中国侵略戦争の期間中に、一千万以上の中国人民を殺戮し、中国の公私の財産に数百億米ドルにのぼる損害を与え、また何千何万もの中国人を捕えて日本に連れて行き、奴隷のようにこき使ったり殺害したりした」として、「日本政府は、中国人民がその受けた極めて大きな損害について賠償を要求する権利をもっていることを理解すべきである」と述べている。賠償請求権を主張したのだ。

しかし、一九六二年一〇月から一一月にかけて衆議院議員の高碕達之助や全日空社長の岡崎嘉平太らが訪中した際、中国共産党中央外事工作部の趙安博秘書長が、貿易協定を締結しようとする高碕らに対して、次のように述べて賠償請求放棄の意向を示したという。

「中国はたしかに請求権はありますが、中国としてはたとえ、日本と国交を回復する時になつても、そのような請求権の問題を強く表面に出す考えはもつておりません。何故かと言えば、それは第一次大戦後のドイツの例によつても明らかなごとく、もしそのような請求権問題を強く表面に出せばそれは日本国内にファシストを誘起さすことになります」[44]

このとき中国側には、「知日実務家の三羽烏」といわれた孫平化、蕭向前、王暁雲《おうぎょううん》の三人が同席していた。一一月九日には、高碕と廖承志が日中貿易覚書を交換、LT貿易がスタートした。[45]

毛沢東主席の対日戦略の基本が、日本の一部の軍国主義勢力と日本人民を分けて考えるということだったのはよく知られている。日本人民に過大な負担をかけることは避けるべきだということから、中国側の対日賠償放棄の方針が打ち出された。その寛大さに日本人は強く印象付けられたのだった。

社会党の佐々木更三元委員長も、前掲のインタビューの中で、一九六四年の訪中で毛沢東主席と会談した際の模様について、次のように語っている。その後あまり関心をひかなかったようだが、対日賠償問題をめぐる重要な発言であった。

一九六四年に第二回目の訪中をいたしまして、（中略）まず民間の友好運動を拡大して進めよう。そして国民的な力で政府を動かそうと、こういう話合いをいたしました。そのときですよ、毛沢東主席が私に対して、有名なレーニンの講和三原則というものを持出した。つまり第一次戦争のとき、帝政ロシアがイギリスやフランスと連合軍を組んでドイツと戦争しましたけれども、その戦争の途中において、レーニンが共産主義革命をやったわけです。戦争はなお続いておるけれども、レーニンはそんなばからしい戦争を続けるわけにいかんから、カイゼルのドイツと単独講和をやったわけです。そのときレーニンが講和三原則というものを提唱したんです。第一は、戦争そのものが悪であるから、勝った国が負けた国に領土割譲を要求すべきでない。いわゆる不割譲の原則。第二は、したがって賠償を要求すべきではない。無賠償の原則。第三は、これは民族自決主義で、むろんソビエトが共産主義であろうとも、ドイツが資本主義であろうとも、それは国民が選ぶべきであると。この三原則で講和を結んだ。（中略）それから賠償の問題はさっき言ったとおり、一九六四

年にレーニンの講和三原則に基づいて話して、毛沢東さんからそういう言質を得ているわけです。(46)

彼のこの証言にはこれ以上の説明はない。が、彼は毛沢東主席の発言から、中国政府が日本に賠償請求をしないだろうという印象を受けたようだ。毛沢東指導下の中国が、対日賠償請求放棄を決めるに至った背景には、こうしたレーニンのイデオロギーもあったことをうかがわせる。

田中訪中による日中復交の〝核〟であり、友好のシンボルと受け取られた中国の対日賠償請求放棄の問題は、戦争への贖罪意識を大なり小なり有していた多くの日本人の対中国感情に大きな影響を与えることになる。

しかし、中国側で対日交渉を担った周恩来首相にとって、これは一つの大きな賭けでもあった。

五、周恩来の苦悩

文化大革命と「四人組」

日本では日中国交正常化交渉をどうしても自国の側から見てしまうため、例えば中国側から突き付けられた「復交三原則」――すなわち、①中華人民共和国を中国唯一の合法政権とみなし、「二つの中国、一つの台湾」をつくる陰謀に反対する、②台湾を中国の一部と認める、③日華平和条約を破棄する――など日本側にとってのハードルの高さだけに目が向かいがちだ。しかし、中国側、特にこの交渉を最高実力者の毛沢東主席から任されていた周恩来首相には、田中角栄首相以上に、厄介な問題が存在していたのである。

中国は当時、文化大革命（一九六六～七六年）の真っ只中で、毛主席は平等を旨とする社会主義の理想を性急に追い求め、「紅衛兵」と名付けられた青年たちを大量に動員して全国的な政治運動を展開していた。資本主義や封建主義的な制度・文化を徹底的に批判して暴力的行動を繰り返し、「造反有理（体制に逆らうことには道理がある）」「革命無罪（革命に罪はない）」などと叫びながら、文革に批判的だとみなされた多数の指導者や幹部らに三角帽子をかぶせ、群衆の前にひきずり出し、自己批判を強要した。こうした中、毛主席に次ぐナンバー2で、国家主席の

毛沢東主席（1966年、天安門広場で開かれた「文化大革命勝利祝賀の100万人集会」）（AFP＝時事）

地位にあった劉少奇《りゅうしょうき》は文革派からリンチを受け、十分な治療を受けることができないまま、非業の死を遂げている。

　毛主席はこの時期、階級闘争の必要性を盛んに提唱し、自留地（農民が個人的に割り当てられた耕地）で農作物を栽培して小金を稼ぐことについても「修正資本主義」だと批判した。また、個人経営者は「資本主義のしっぽ」だと罵られて姿を消し、私有制を極限まで排した集団農場「人民公社」が次々につくられ、軍の階級制度もなくなった。

　さらに、毛主席は政治思想教育の重要性と肉体労働の大切さを強調。官僚や知識人、大学生らが肉体労働を経験するため、農村部に次々に送り込まれた。いわゆる「下放運動」と呼ばれたものだ。この結果、中国の政治や経済、行政や教育システムは大混乱をきたし、生産力が大幅にダウンした。大量の餓死者も出て、人々は貧しい暮らしから一向に抜け出すことができなかった。

　この文革の被害を最小限に食い止めようと奮闘したのが周恩来だった。彼は首相として行政組織の頂点に立って官僚たちを支え、農業と工業の生産力の向上に努め、中国外交を担って米国との関係改善や日本との国交正常化に取り組んでいた。もちろん、こうした外交上の重要案件は毛主席の指示を受けて進められていたわけだが、失敗すれば、その責任はすべて周首相が引き受けなければならなかった。

毛主席の威光を背景に党や政府内で実権を握りつつあった江青《こうせい》（毛主席夫人、党政治局員）、張《ちょう》春橋《しゅんきょう》（党政治局常務委員、副首相）、姚文元《ようぶんげん》（党政治局員）、王洪文《おうこうぶん》（党副主席）の「四人組」を含め、文革派指導者たちは当時、周首相を打倒すべき〝官僚の親玉〟だとみなし、周首相の失脚を狙っていた。

しかし、周首相は「不倒翁（起き上がりこぼし）」と称されるように、多くの指導者や幹部がポストを追われていく中で、最後まで失脚しなかった。周首相が毛主席に大変気を遣い、疑われることを徹底的に避け、ときには〝イエスマン〟となって行動してきたからだ。このため、毛主席は、文革派が周首相を批判して失脚させようとしても、応じようとはしなかった。国家を運営していくためには、実務家を使いこなせる周首相が欠かせなかったからでもあろう。

綱渡りの交渉

日中国交正常化の話に戻る。繰り返しになるが、こうした状況の中で、周恩来首相としては、日本との交渉で失敗するわけにはいかなかった。最も難しかったのが、日本に対する戦争賠償請求放棄の問題だ。中国側がこれをのみ、日本側から何の見返りも得られないということにでもなれば、厳しい批判が一斉に噴き出し、交渉が行き詰まり、その責任を周首相がとらされる可能性があった。

日本が中国で始めた日中戦争で、中国側が甚大な被害を被ったというのは歴史的な事実である。中国人犠牲者の数は、当時の中国側の推計で、一〇〇〇万人から二〇〇〇万人とされていた。このため、台湾の蔣介石政権が日華平和条約を締結して日本への戦争賠償請求権を放棄していたものの、中国には日本に対し巨額の賠償金を請求すべきだと考える人たちが少なくなかった。実際に、日中戦争で甚大な被害を被ったのは大陸だったからでもある。周首相としても、この問題で彼らを納得させるのは容易なことではなかった。

そこで、周首相は日中国交正常化の方針が毛沢東主席の決定であることを繰り返し表明する。中国共産党・政府内の指導者や幹部に対し、①台湾の蔣介石が戦争賠償請求権を放棄しており、中国共産党の度量が蔣介石より小さいと思われてはならない、②日中国交正常化に際しては日本に台湾との断交をさせなければならず、戦争賠償問題で寛容な態度をとることが必要だ、③戦争の賠償をさせると、大多数の日本の人民に長期にわたって負担を強いることになり、党中央が提起している日本との友好継続の方針に反する――との見解を伝え、粘り強く理解を求めていった。

当時、毛主席はカリスマ的な存在で、党と政府をしっかりと牛耳っていたことも幸いした。中国では、田中首相の訪中は、ニクソン訪中とともに、毛主席の大きな戦略に基づいて進んでいると信じられていた。日本への戦争賠償請求放棄の方針についても、毛主席の高度な政治判断だと受け止められ、表立った反対意見は出てこなかった。それでも、日本側との交渉で、具体的な見返りをほとんど得られず、交渉が暗礁に乗り上げるようなことにでもなれば、批判は周首相に集中する。まさに〝綱渡り〟状態だったのである。

六、台湾との関係処理

台湾の対米ロビー活動

日中両国が国交正常化に向けて走り出し、日本政府が中国からの圧力を受けて台湾の中華民国との断交に動き始めると、国民党政府はこの動きを直ちに察知。蔣経国《しょうけいこく》行政院長が一九七二年七月一九日、日本の宇山厚大使を呼んで台湾側の立場を伝え、日本側の動きを牽制した。また、翌二〇日には、沈昌煥《しんしょうかん》外交部長が日中両国の国交正常化の動きに関連して声明を発表し、「日台間でこれまで培われてきた信頼関係を損ね、アジア地域の安全にも悪影響を及ぼすものだ」と批判、「(日本が) 中共の政治的陰謀に乗せられないように希望する」と訴えた。

また、台湾は中国との国交正常化に突き進む日本の田中内閣にブレーキをかけるべく、米国の台湾ロビーや日本の親台湾派議員に働きかけていく。

すでに触れたように、米国のニクソン政権は当時、ソ連（現ロシア）と厳しく対峙する中で、ベトナム戦争を収束させるため、ソ連とともにベトナムを支援する中国との関係改善を画策していた。キッシンジャー大統領補佐官が七一年七月にパキスタンを経由して中国を秘密裏に訪問。同年一〇月にも中国を訪れ、翌七二年二月のニクソン大統領の訪中に結び付けた。中国の存在感が、国際政治の中で、それだけ大きくなっていたことの証でもあり、中国と外交関係を樹立し、台湾と断交する国が次々に現れ、七一年一〇月二五日には、国連安全保障理事会の常任理事国として、中国の国連復帰が決まった。この結果、台湾は国連の議席を失ったのである。時代は中国共産党が指導する中華人民共和国政府を「中国唯一の合法政権」とする方向に向かって流れていた。

田中首相と大平正芳外相らが中国との国交正常化の方向に大きく舵を切ったのは、こうした時代の流れを読んでのことだった。ところが、米国のニクソン政権は自ら対中関係の改善を進めておきながら、日本が米国に先行し、中国との外交関係を樹立することについて、快く思っていなかった。

米国の国立公文書館が二〇〇一年四月に機密指定解除した文書（一九七二年八月三一日付の部内協議メモ）によると、キッシンジャー大統領補佐官は八月三一日と九月一日の両日、ハワイで実施された日米首脳会談の内部打ち合わせの際、日本が事前に伝えてきた日中国交正常化の方針と田中首相の訪中計画について「品のない拙速さだ」と論評。「ジャップ（日本人の蔑称）は最大の裏切り者だ」と罵ったというのである。

日本側はこの日米首脳会談で中国との国交正常化と田中訪中について米国の理解を得たとしているが、米国側には、自分たちが進めてきた中国との関係改善と国交正常化という〝歴史的偉業〟と、大統領選挙で票になる〝政治的果実〟を日本にさらわれるとの思いがあったようだ。台湾はこうした米国側の心理を的確に読んで、米国政府の要人や議会関係者にロビー活動を展開。日本の対中国交正常化にストップをかけようとしたのである。ちなみに、米国が中国と正式に外交関係を結んだのは日本に遅れること七年、七九年一月のことだった。

日本国内の親台派

日中国交正常化を阻止するための台湾のもう一つの試みが日本の親台湾派への働きかけだった。当時、日本の政治を動かしていた与党・自民党の中には、中国との国交正常化を進めるべきだとする〝親中派〟もいたが、社会主義・中国を嫌い、台湾との国交を維持すべきだとする〝親台派〟も少なくなかった。この親台派の中心人物が岸信介元首相で、ほかに賀屋興宣、灘尾弘吉、石井光次郎、大野伴睦、町村金五、菊池義郎、青木一男、船田中、千葉三郎、佐藤栄作、福田赳夫、椎名悦三郎、田中龍夫、渡辺美智雄、藤尾正行、中山正暉、浜田幸一、北沢直吉、石原慎太郎、玉置和郎らがおり、彼らは台湾側からの求めに応じ日中国交正常化や台湾との断交に強く抵抗した。

彼らが台湾との国交維持を主張した最大の理由は蔣介石総統に対する恩義だった。第二次世界大戦でドイツ、イタリアとともに枢軸国側に立った日本は一九四五年八月一五日、無条件降伏した。米国、英国、ソ連の連合国側に入って戦勝国となった中華民国の蔣総統はこの日正午、ラジオで「抗戦勝利を全国民と全世界の人々に告げる書」を自ら読み上げ、勝利宣言を行う。これが、日本に対して「以徳報怨（徳をもって怨みに報う）」の精神で臨むよう訴えたと報じられた演説である。敗戦で打ちひしがれた日本人を感動させた蔣総統の演説として広く知られているものだ。

実は、この「告げる書」に、「以徳報怨」の言葉が直接出てくるわけではない。が、蔣総統はこの中で「『旧悪を念《おも》わず』と『人に善を為す』がわが民族の伝統を気高くしている徳性である」と指摘。「日本の好戦的な軍閥が敵であって、日本の人民を敵とはみなしていない」と述べ、「投降に際してのすべての条項を忠実に実行することを厳格に求めるが、報復はしない。さらに、敵国の無辜《むこ》の人民を辱めてはならない」と人々に訴えた。

この演説が、実際に中国大陸に残された日本の軍人や市民への残酷な報復行為に歯止めをかけたとみてよかろう。そして、多くの日本人が中国大陸から比較的スムーズに故国に引き揚げることができたのである。中国・東北地区の満州に突然侵攻してきたソ連軍の捕虜となった多くの日本軍人がその後、シベリアに連れ去られて過酷な労働を強いられ、多数の犠牲者を出したのとは対照的だ。

また、蔣総統は、日本に対して戦後賠償を求めなかった。敗戦で国土が荒廃し、連合軍の占領下に置かれた日本は当時、中華民国から多額の賠償を求められたとしても、とても支払える状況にはなかったとはいえ、これがその後の日本経済の復興・発展にプラスに働いたことは否定できない。さらに、日本の天皇制について、ソ連が存続に否定的だったのに対し、蔣総統は日本国民の判断に委ねるべきだと主張したとされている。

こうしたことで蔣総統に恩義を感じる親台派の議員は、台湾との断交を伴う日中国交正常化に激しく抵抗した。

親台派の抑え込み

だが、日中国交正常化に乗り出す決意を固めていた田中角栄首相・大平正芳外相のコンビは、国交正常化に向けた自民党内のコンセンサスづくりを着々と図っていった。自民党は一九七二年七月一三日の役員会で、それまでの「中国問題調査会」を「日中国交正常化協議会」に拡大改組することを決定。協議会には当時の衆参両院議員のほぼ六割に当たる二四九人が参加した。メンバーは小坂善太郎会長以下いわゆるハト派・国交正常化推進派が圧倒的に多く、性急な国交回復には賛成できないとするタカ派・親台派の議員も、政府の正常化努力にまで反対することはできなかった。七月二四日の正常化協議会初総会で、大平外相は次のように述べた。

一、日中両国は、これまで不幸な事態が続いていたが、いまや、なんとしても、根本的に解決しなければならない時期が来た。

二、これは、①中国を承認した国が多数になった、②昨年の国連総会で、中国の国連参加が決まった、③米中間の対話が持たれた、④わが国の世論も、中国との国交正常化を望むようになった――など、内外の大きな変化が理由として挙げられる。

三、これに加えて、中国の対日認識、理解も変わってきた。

四、私は、まさに時期は熟したと判断し、もはや非公式でなく、政府として、自ら取り仕切らなければならない時期に来たと思う。このため、全外交機能を傾けて取り組まなければならないと思う。

小坂会長はこれを受けて「九月一〇日をメドに、正常化協議会の基本姿勢を決めたい」と宣言、「日中国交正常化の機は熟しているという認識に立って、この際政府は、日中間の国交正常化を目指して、慎重な努力をすべきである」という総会申し合わせをまとめた。

その後、正常化協議会の幹事会などで、親台派は「国会答弁で政府が勝手に既成事実をつくるのは許せない」「台湾を切り捨てないという『田中原則』を打ち出せ」と執行部を突き上げるなど抵抗を続けたが、八月二二日、自民党総務会は「日中国交正常化」と「田中首相訪中」を党議決定する。

正常化協議会幹事会は九月五日、五項目から成る「日中国交正常化基本方針」を決定、その前文で「わが国と中華民国との深い関係にかんがみ、従来の関係が継続されるよう、十分配慮のうえ交渉されたい」と台湾への配慮も見せた。これで親台派は抑え込まれ、国交正常化のための田中訪中が事実上決まった。この基本方針は九月八日、総務会で党議決定された。これを踏まえて自民党代表団が訪中、一八、一九両日、周恩来首相と会談した(47)。

椎名悦三郎

椎名特使を派遣

台湾がこうした動きに猛反発したのは言うまでもない。このため、田中角栄首相は自らの訪中に先立って九月一七日から一九日にかけ、親台派で岸信介元首相に近い椎名悦三郎自民党副総裁に蔣介石総統宛ての親書を持たせ、政府特使として台湾に派遣した。自民党訪中団一行がまさに周恩来首相と会談しているとき、椎名副総裁は台湾説得という辛い役回りを背負わされたのだった。

田中首相は親書の中で、蔣総統への恩義を忘れることはないとしながら、「国際情

勢が激変する中で、日本としても中国との国交正常化に乗り出さざるを得なくなった」と釈明。「貴国との関係においてしのび難い矛盾や粗略な結果を免れないが、誠意を尽くして善処するつもりです」と書いている。

【蔣介石総統宛て田中角栄首相親書（全文）】

蔣介石總統閣下鈞鑒

謹啓者

閣下鼎祺安燕履祉吉祥我が久しく仰望神馳する所であります　近来我が國と北京政府との交渉に関し議論紛紛

閣下の左右亦《また》之を我が國政府の降志辱身自ら國格を損する行爲として論難さるるを傳承致しまして茲《ここ》に謹んで本問題に關する日本政府の所見を開陳し

閣下の諒察を仰ぎたいと存じます

顧みれば戰後二十餘年

閣下の日本國及國民に對する終始渝《かわ》らぬ高誼優待は日本國政府及國民の齊《ひと》しく欽尚する所であり、一九五二年我が國が　貴國政府との間に平和條約を締結して以來政府民間擧《こぞ》ってあらゆる機會を通じ一貫して　貴國との友誼を勵行して參りました　特に昨年の國聯に於る中國代表権問題の審議に當っては我が國政府が率先挺身して難を排し紛を解き國聯に於

る　貴國の議席確保に奔走盡瘁《じんすい》致しましたことは長く青史に傳えて両國の爲に友邦齊しく感銘する所であります

然るに近年國際情勢は激變し國聯総會に於る中國代表権問題の議決　北京政府承認國の續出　ニクソン大統領の北京訪問等北京政府との關係改善を謀るに世を擧げて滔滔たる者が有ります　我が國は此等と亦自ら撰を異にし　古来中國と斯文の交深く且久しく國民大衆が中國大陸との社稷蒼生《しゃしょくそうせい》を敬愛するの情尋常ならぬものが有り　從って即今の時勢に鑑み日中國交正常化の時機已に熟すとして政府の決断を仰望すること誠に止むを得ぬ情勢となっております　我が國は言うまでもなく議會制民主主義を國政の基本原則とし　政府は國民多數の意思と願望を政治の上に具現すべき責任を有します　是れ我々が慎思熟慮して北京政府と新に建交する所以《ゆえん》で徒《いたずら》に勢の爲に迫られ　利の爲に誘われて所謂《いわゆる》親媚北京短視政策を採るものではありません

但本政策を實行に移すに當っては固《もと》より　貴國との間に痛切なる矛盾抵觸を免れず　時に又粗略有るを免れぬことと存じますが　自靖自獻《じせいじけん》の至誠を盡して善處し閣下至仁至公の高誼を敬請する次第であります

閣下萬壽無疆《まんじゅむきょう》を謹祝申上げます

一九七二年九月十三日

日本國内閣總理大臣　田中角榮（署名）謹白[48]

しかし、椎名特使はこの親書を蔣総統に直接手渡すことができなかった。一行は台湾到着後、激しい抗議デモに遭い、生卵などを投げつけられ、乗っていた車がこん棒やプラカードなどで叩かれ、破損した。椎名特使は台湾滞在中、蔣経国行政院長、張群総統府資政、厳家淦《げんかかん》副総統、何応欽《かおうきん》日華文化経済協会会長、沈昌煥外交部長らと会談し、日中国交正常化が実現しても、外交関係を含む台湾との「従来の関係」は変わらないと、台湾側に配慮した発言を繰り返した。もちろん、これは〝誤り〟で、同月二九日に北京で調印された日中共同声明で明らかになってしまうのだが、最後までとぼけて通した。台湾側に事実を伝えれば、反発を買い、話し合いもできなくなると判断したからだとみてよかろう。

そして、椎名特使は同一九日の蔣行政院長との会談でも、日中が国交を正常化すれば台湾との外交関係を維持できなくなるとの大平正芳外相の発言に関連し、「理論的にはそうならざるを得ない」と言っただけだと釈明。「田中首相もこれについてはノーコメントを続けており、（外交関係を含む）従来の関係を維持することになっている」と言明した。彼はまた、「田中首相と大平外相は近く北京で（中国側と）話し合うが、台湾との従来の関係が維持できないとなれば、一時帰国する」とまで述べたとされている。

これに対し、蔣行政院長は「万一、日本側が日華平和条約を一方的に破棄するとなれば、厳然として対処する。また、それによって生じる責任はすべて日本側が負わなければならない」と語ったという。

だが、蔣行政院長も、日本が中国との国交を正常化し、台湾との外交関係を切ってくることは承知していた。台湾側は中国との国交回復に動く日本の動きを厳しく非難しつつ、日本との実務関係を維持するための準備も着実に進めていたのである。

経済・民間の交流を維持

日中国交正常化は、時代の流れであったとしても、台湾の人たちにとってはやはりショックな出来事だった。植民地時代を経験しながらも、大陸中国や香港、韓国などと違って対日感情がよく、経済的な関係も深かった日本が、中国との国交正常化のために外交関係を一方的に断ってしまったからだ。

しかし、台湾はこの政治的に困難な局面をしたたかに乗り越え、日本との経済関係を維持・発展させるとともに、改革開放で急速に経済力をつけてきた中国市場にも、当初は香港経由で、そして現在はダイレクトに進出して経済関係を深めている。この結果、台湾の経済は飛躍的に発展し、台北や高雄などの大都市には高層ビルが林立。日本から技術導入した新幹線が大都市を結んで走り、生活レベルも大幅に向上した。諸外国と外交関係がなくても、経済を中心に、民間・草の根レベルでの交流を着実に積み上げてきた結果だ。

この事実は、政府間で対立があったとしても、民間・草の根レベルで交流を深め、お互いにうまくやっていくことができることを教えている。必要なのは善意と粘り強さで構築される人と人との信頼の絆にほかならない。

七、国交正常化交渉――相次ぐ難題

周首相の出迎え

こうしたさまざまな経緯を経て田中角栄首相の中国訪問の地ならしが整い、一九七二年九月二一日、日中両国政府は二五日から三〇日まで六日間の田中訪中を公式に発表した。そして、田中首相、大平正芳外相、二階堂進官房長官らは四日後の二五日午前、羽田空港発の日本航空特別機に乗り込み、中国に向けて出発した。特別機は正午前に北京空港に到着した。

青空に日の丸と五星紅旗がはためく中、田中首相は上気した面持ちでタラップを降り、人民服に身を包んだ周恩来首相と笑顔で固く握手。人民解放軍の儀仗兵を閲兵した田中首相は周首相の中国産高級車「紅旗」に同乗し、

一九七二年九月二五日、日航特別機から見送りの人たちに応える（左から）田中角栄首相、大平正芳外相、二階堂進官房長官

宿舎である北京の釣魚台国賓館へ向かった。沿道には一〇〇メートルおきに警官が立っていたが、民衆による歓迎風景は見られなかった(49)。

第一回田中・周会談――日米安保を容認

この日午後三時前、田中首相、大平外相、二階堂官房長官らは人民大会堂で周恩来首相、姫《き》鵬飛《ほうひ》外相らとの第一回首脳会談に臨み、交渉をスタートさせた。

冒頭、田中首相は「日中国交正常化の機が熟した。今回の訪中を是非とも成功させ、国交正常化を実現したい」と切り出した。続いて大平外相が「二つの問題がある」として、次のように日華平和条約の合法性を説くとともに日米安保体制を容認するよう求めたという。

ひとつは日華平和条約の問題であり、中国側がこの条約を不法にして無効であるとの立場をとっていることも十分理解できる。しかし、この条約は国会の議決を得て政府が批准したものであり、日本政府が中国側の見解に同意した場合、日本政府は過去二〇年にわたって、国民と国会をだまし続けたという汚名をうけねばならない。そこで、日華平和条約は国交正常化の瞬間において、その任務を終了したということで、中国側の御理解を得たい。

第二点は第三国との関係である。とくに日米関係は日本の存立にとり極めて重大である。

1972年９月25日、第１回会談を前に記念撮影する田中角栄首相（前列中央左）、周恩来首相（同右）ら

（中略）日中国交正常化をわが国としては対米関係を損ねないようにして実現したい。

これに対し、周首相は日華平和条約の合法性に異を唱え、台湾問題を外相会談に委ねる考えを示した。

戦争状態終結の問題は日本にとって面倒だとは思うが、大平大臣の提案に、完全に同意することはできない。桑港（サンフランシスコ）条約以後今日まで戦争状態がないということになると、中国は当事者であるにもかかわらず、その中に含まれていない。

私は、この問題を二人の外相に任せ、日中双方の同意できる方式を発見したいと思う。

他方で周首相は、日米安保体制については「日米関係にはふれない。これは日本の問題である」と容認する姿勢を表明。その理由に関して、「台湾問題にソ連の介入を許さないという点で、日米中三国の共通点がある。中国側としては、今日は日米安保条約にも米華相互防衛条約にも、ふれずにゆきたい」と、対ソ戦略を優先する立場を強調した(50)。

「ご迷惑」スピーチが波紋

また、この日夜には、人民大会堂で周恩来首相主催の歓迎夕食会が催された。周首相はあいさつの中で歓迎の意を示しながらも、「一八九四年から半世紀にわたる日本軍国主義者の中国侵略によって、中国人民はきわめてひどい災難をこうむり、日本人民も大きな損害を受けました。前の事を忘れることなく、後の戒めとするといいますが、われわれはこのような経験と教訓をしっかり銘記しておかなければなりません」とくぎを刺すことも忘れなかった。

続いて田中角栄首相が壇上に上がった。が、あいさつが次のくだりに至ったところで、大きな問題が起きる。

過去数十年にわたって、日中関係は遺憾ながら、不幸な経過を辿って参りました。この間わが国が中国国民に多大のご迷惑をおかけしたことについて、私はあらためて深い反省の念を表明するものであります。第二次大戦後においても、なお不正常かつ不自然な状態

1972年９月25日、歓迎夕食会で田中首相（左）に料理を勧める周恩来首相（人民大会堂にて）

が続いたことは、歴史的事実としてこれを率直に認めざるをえません[51]。

この「ご迷惑」発言に、会場はどよめいた。「ご迷惑（添了麻煩）」という表現は、中国では女性のスカートに水をかけてしまったときなどに謝る言葉であり、軽い謝罪と受け止められたのである。戦争により与えた損害と責任について日本側がどのように認識しているかを、この言葉が端的に表していると中国側は受け取った。日本側としても、国内向けにあえて謝罪のトーンが弱い表現を選んだという事情があった。が、この発言は中国側の反発を招き、翌日の第二回首脳会談で周首相から激しい批判を浴びることになる[52]。

第一回外相会談――「日本軍国主義」も難題

訪中二日目の九月二六日午前一〇時二〇分、前日の首脳会談を受けて、大平正芳外相と姫鵬飛外相による実質討議が人民大会堂で始まった。大平外相は「今日は、私共日本政府が考えている共同声明の草案について中国側の考え方を聞かせて戴きたい」と述べ、日本側草案の説明を高島益郎条約局長に指示した。

高島局長はまず、「日本国政府及び中華人民共和国政府は、日本国と中国との間の戦争状態の終了をここに確認する」とする日本案第一項から入った。中国側がその立場上、日華平和条約にいっさい拘束されないと主張することは十分理解できるとしながらも、「わが国と台湾との間の平和条約が当初から無効であったとの前提に立って、今日いまだに日中両国間に法的には戦争状態が存在し、今回発出されるべき共同声明によって初めて戦争状態終了の合意が成立するとしか解する余地のない表現に日本側が同意することはできない」と主張。中国という国と日本との戦争状態は日華平和条約をもって終結したとの日本側の立場を改めて示した上で、戦争状態終了の時期を明示することなく、終了の事実を確認することによって日中双方の立場の両立を図るべきだと主張した。

次に台湾問題を取り上げた高島局長は「日中国交正常化に際しては、いっさい秘密了解のごとき文書を作るべきではない」と述べ、これを「黙秘事項」いわゆる密約の形で処理しようという中国側の案に異を唱えた。台湾問題に関する日本案第四項は以下の通りだった。

中華人民共和国政府は、台湾が中華人民共和国の領土の不可分の一部であることを再確認する。日本国政府は、この中華人民共和国政府の立場を十分理解し、かつ、これを尊重する。

高島局長は、台湾問題について「日本はサンフランシスコ平和条約で台湾に対する全ての権利を放棄しているので、台湾の現在の法的地位に関して独自の認定を下す立場にない」と指摘。「しかし、同時にカイロ、ポツダム両宣言の経緯に照らせば、台湾は中国に返還されるべきものである」として、中国の国内問題として解決されるべきものだとの考えを表明した。その上で、「台湾問題はあくまでも平和裡に解決されなくてはならないというのが日本政府の基本的見解である」と述べ、武力による統一までは容認できないとの趣旨を付け加えた。賠償問題に関する日本案第七項は以下のようになっていた。

中華人民共和国政府は、日中両国国民の友好のため、日本国に対し、両国間の戦争に関連したいかなる賠償の請求も行わないことを宣言する。

中国側の案は「中華人民共和国政府は、中日両国人民の友好のために日本国に対し戦争賠償請求権を放棄することを宣言する」となっていた。高島局長は賠償を求めないという中国側の姿勢を評価しながらも、「日本側提案のような法律的ではない表現であれば、日中双方の基本的立場を害することなく、問題を処理し得ると考える」とさらなる配慮を求めた。婉曲な表現ながら、合法な日華平和条約で台湾が賠償請求権を放棄している以上、中国に賠償請求権はないという立場から、「請求権」という文言を入れることはできないとくぎを刺したのだった。

姫外相は、「周総理も昨日はっきり述べたように、いくつかの問題の提起の仕方に双方にとり困難があります」と指摘し、戦争終結問題や「日台条約」の扱いについて「日本側案では、中国人民を納得させることができません」と不満の意を示した。

中国側の案ではこれらの点について「本声明が公表される日に、中華人民共和国と日本国との間の戦争状態は終了する」「中華人民共和国政府は、台湾が中華人民共和国の領土の不可分の一部であることを重ねて表明する。（日本国政府は、カイロ宣言にもとづいて中国政府のこの立場に賛同する）」などとされており、日本案との開きがあった。

また、中国案の前文に「日本国政府は、過去において日本軍国主義が中国人民に戦争の損害をもたらしたことを深く反省する」と盛り込まれたことも、日本側にとっては難題となった。国内のタカ派・親台派を刺激する「日本軍国主義」という言葉は避けたいというのが田中首相、大平外相らの本音だった(53)。

第二回田中・周会談――「ご迷惑」批判と高島局長への叱責

二六日午後二時から、二回目の首脳会談が迎賓館で開かれた。この席上、周恩来首相は開口一番、前夜の田中角栄首相の「ご迷惑」スピーチを取り上げ、「田中首相の『中国人民に迷惑をかけた』との言葉は中国人の反感をよぶ。中国では迷惑とは小さなことにしか使われないからである」と非難した。

さらに周首相は、午前の外相会談での高島局長の日華平和条約に関する説明に強い表現で反発した。

> 日華条約につき明確にしたい。これは蒋介石の問題である。蒋が賠償を放棄したから、中国はこれを放棄する必要がないという外務省の考え方を聞いて驚いた。蒋は台湾に逃げて行った後で、しかも桑港条約の後で、日本に賠償放棄を行った。他人の物で、自分の面子を立てることはできない。戦争の損害は大陸が受けたものである。（中略）蒋介石が放棄したから、もういいのだという考え方は我々には受け入れられない。これは我々に対する侮辱である。(54)

台湾が賠償請求権を放棄している以上中国には賠償請求権はない、という日本側の法的な論理をそのまま認めるわけにはいかないので、国内向けを意識して強い姿勢を示したという側面もあろう。周首相が感情的に高島局長を叱責したのでないことは、続けて「田中・大平両首脳の考え方を尊重するが日本外務省の発言は両首脳の考えに背くものではないか」と述べ、「田中・大平両首脳」と高島局長とを区別することで妥協の余地を残そうとしたことからもうかがえる。

この席で周首相が高島局長を「法匪《ほうひ》」と罵ったように伝える文献もあるが、そこまでは言っておらず、高島局長をスケープゴートにして〝ブラフ〟をかけ、日本側から譲歩を引き出そうとしたのではないか[55]。

田中首相は「ご迷惑」スピーチについては、「ご迷惑をかけたという言葉は、そんな軽々しい内容のものではない。ご迷惑をかけたという日本語の意味は、あなたが解釈しているような、〝ごめんなさい〟という程度のものではない。わたしは、わたしの誠心誠意を込めて、申し訳ないという心情をそのまま表現した。これは巧まずして自然に出た日本人の声なんです。（中略）だからお詫びに出向くのは当然だと思って、自民党内に反対があるにもかかわらず、こうやってわたしが北京へ訪ねてきたんです」などと釈明。これで周首相も引き下がったという[56]。

また、田中首相は台湾問題については両外相の協議に委ねる考えを表明。さらに「日本側には、国会とか与党の内部とかに問題がある。（中略）日本側の困難は中国と政体が違うこと、日本が社会主義でないところから来る」などと国内事情を説明した上で、「日本の国内で、中国が革命精神の昂揚をやることはない。日中間に互譲の精神と内政不干渉、相手の立場を尊重するという原則が確認されれば、自民党内もおさまると思う」と述べ、「革命の輸出」を行わないよう求めた。周首相は「その点は自信をもってほしい」と承諾した[57]。

第二回外相会談――台湾問題で打開案

二六日午後五時一〇分から、二回目の大平正芳外相・姫鵬飛外相会談が、宿舎となった釣魚台国賓館で開催された。席上、大平外相はまず戦争状態の終了問題について二つの新しい案(試案)を示した。

第一案は、「中華人民共和国政府は、中国と日本国との間の戦争状態の終了をここに宣言する」というものであり、(中略)このように、戦勝国だけが一方的に戦争状態の終了を宣言した例は、過去に、連合国とドイツとの戦争状態終了に際して採用されたことがある。

第二案は、「日本国政府および中華人民共和国政府は、日本国と中国との間に、今後全面的な平和関係が存在することをここに宣言する」というものであり、いつ戦争が終了したかを明確にしないものである。

大平外相は次に、台湾問題について新たな案(試案)を提示した。

「中華人民共和国政府は、台湾が中華人民共和国の領土の不可分の一部であることを重ねて表明した。日本政府は、この中華人民共和国政府の立場を十分理解し、ポツダム宣言に基づく立場を堅持する」というものである。

戦争状態の終了問題に関し姫外相は、「再検討してみる」としながらも、「（中国案の）『本声明が公表される日に』戦争状態が終了する旨の時期の問題は重要である」と中国案にこだわった。

一方、台湾問題について姫外相は「どうして、中国側案のカイロ宣言ではなく、ポツダム宣言の立場を堅持するとしたのか」と質問。大平外相が「日本が受諾したのは、カイロ宣言ではなく、ポツダム宣言だからである」と答えると、「再度検討してみる」と態度を保留した(58)。

日本が降伏時に受諾したポツダム宣言第八項は、カイロ宣言（一九四三年一二月）を履行すると明記しており、米国、英国、中国が発したカイロ宣言は台湾を「中華民国」に返還するとしていた。つまり、日本側の試案は日本が台湾独立を支持しないことを意味していることになる。中国側がその後しばらくして、この案を認めたのはこうした理由によるとみられる(59)。

「不正常な状態」という突破口

二六日夜、宿舎の田中角栄首相の部屋に大平正芳外相、二階堂進官房長官、外務省の高島益郎条約局長、橋本恕中国課長らが集まって内輪の夕食をとった。

首脳会談での周恩来首相の一喝や戦争状態の終了という難問が頭を離れず、交渉の行き詰まりを感じて元気のない大平外相に、田中首相は「大学出たやつは駄目だなあ。修羅場に弱い」と声をかけた。大平外相が「そんなこと言ったって、明日からの交渉はどうやってやるんだ。今日は周恩来に一方的にしゃべられて時間切れになった」と反論すると、田中首相は「君らは大学出てるんだろ。大学出た奴が考えるんだ」とやり返したので一同大笑いになった。

その後、大平外相は自室に戻り、橋本課長と戦争状態の終了問題について話し合った。これまで戦争状態にあったと言えば、中国はOKだが日本が困る。しかし、平和の状態にあったと言えば今度は中国が収まらない。そこで橋本課長がひねり出したのが「不自然な状態」という文学的表現だった。これが行き詰まっていた交渉の突破口となり、最終的には「不正常な状態」という表現で日中共同声明に盛り込まれることになる。(60)

八、ギリギリの調整

非公式外相会談——車中の談判

交渉三日目の二七日午前、田中角栄首相と大平正芳外相らは万里の長城と明の十三陵を見学した。その往復の車中で、大平外相と姫鵬飛外相は諸問題について非公式に話し合った。

二五日夜の田中首相の「ご迷惑」スピーチとこれに対する中国側の反発で謝罪（歴史認識）

万里の長城を見学する田中首相（中央）と大平外相ら

問題の協議が難航し、打開の道を探る必要もあった。大平外相は謝罪の仕方次第で自民党分裂の可能性もあると党内事情を説明し、「中国の怒りは、私、大平個人としてはわかる。私は戦前、若き大蔵官僚として張家口にいた。田中は胸を病んで満州の陸軍病院にいた。日本は確かにひどいことをした。どうか、私、大平を信じてほしい」と訴えた[(61)]。

姫外相が大使交換の時期について、「（共同声明に）何とか期限を明記するよう配慮願いたい」と求めたのに対し、大平外相は「『すみやかに』という日本側の表現をお呑みいただきたい」と返答。大平外相は時期を明記できない理由を「先ず在台邦人三、八〇〇人の安全の問題があり、台湾側の出方が心配である。次に在京台湾大使館が直ちに断交するのか、更に居座ろうとしているのか先方の出方が全く不明である。但し、もし先方が何時までも引きあげないようであれば断固とした措置をとるので理解してほしい」と説明した。

大平外相は中国案に盛り込まれた「日本軍国主義」に触れて、「今次田中総理の訪中は、日本国民全体を代表して、過去に対する反省の意を表明するものである。従って、日本が全体として戦争を反省しているので、この意味での表現方法をとりたい」と、「日本軍国主義」という言葉を外すよう求めた。姫外相は「中国は日本の一部の軍国主義勢力と、大勢である一般の日本国民とを区別して考えており、中国の考えは、むしろ日本に好意的である」と難色を示した。

一方で姫外相は「共同声明を今晩、明朝中にも発表出来るように努力したい。ニクソンの時のように上海で発表するようなことはさけたい」と交渉の妥結を急ぐべきだと提案。大平外相も同意した。(62)

第三回田中・周会談――突然の「尖閣」発言

二七日午後四時一〇分から、三回目の首脳会談が人民大会堂で行われた。周恩来首相は中ソ両国や社会主義陣営、また自由主義陣営や欧州共同体（ＥＣ）も一枚岩ではないと指摘しつつ、「体制の異なる国のあいだで平和共存が可能である」との考えを示した。さらに「大平先生は過去の歴史に終止符を打ち、日中間の平和友好条約では前向きの日中関係を発展させたいという趣旨を共同声明の中に入れたいと言われた。これに賛成する。相互不侵犯、平等互恵でいきたい」と前日の厳しい態度を和らげた。

田中首相は「中ソが一枚岩でないことが、日本人にも理解されてきた。ソ連には第二次大戦後、首をしめられたので日本人はソ連の言うことを額面通り受け取っていない」と厳しい対ソ認識を披露。周首相はそれまでの中ソ対立の経緯を説明しながら、「中ソ友好同盟相互援助条約は、実際には、存在しないも同然である」と断言した。

周首相は話題を転じて「過去の歴史から見て、中国側では日本軍国主義を心配している」と懸念を表明した。これに対し田中首相は「軍国主義復活は絶対にない」と強調。日本列島改造計画を説明した上で、「軍国主義復活のために使う金はない」と強く否定した。

また、周首相は核兵器の問題に絡んで、「ソ連は核戦争禁止、核兵力使用禁止を提唱しているが、これは人をだますペテンであるから、あばく必要がある。（中略）ソ連に対する警戒心を失えば、ソ連にやられてしまう」と改めてソ連批判を口にした。田中首相は「日本の工業力、科学技術の水準から、核兵器の製造ができるがやらない。また一切保有しない」と明言した。

そして、ニクソン訪中などが一通り話題に上った後、田中首相が突然、日本が実効支配し中国が領有権を主張する尖閣諸島に言及した。「尖閣諸島についてどう思うか？　私のところに、いろいろ言ってくる人がいる」と。予想外の発言に緊張が走る中、周首相はさらりと受け流した。「尖閣諸島問題については、今回は話したくない。今、これを話すのはよくない。石油が出るから、これが問題になった。石油が出なければ、台湾も米国も問題にしない」。そう言うと、周首相は「国交正常化後、何カ月で大使（館）を交換するか？」と話題を転じた。[63]

尖閣諸島については、中国と台湾が一九七一年から領有権を主張し始めていた。しかし、実効支配している領土について、自分から話題にするのは外交上得策とはいえない。したがって、これを取り上げたのは田中首相の失言という見方もある。ただ、田中首相としては自民党右派や右翼など国交回復反対派の反応を気にして、一言触れておく必要があると考えたものとみられる。いわば「国内対策」としての発言だったと理解するのが妥当だろう。

周首相は田中首相の発言を逆手にとり、日本が領土問題の存在を認めたなどと主張することもできただろうが、それをしなかった。対立していたソ連への備えを優先する観点から、日本との国交回復を急ぐ必要があるという大局的な判断があったからだろう。[64]

田中・毛会談——交渉妥結の予感

二七日午後八時三〇分、中国側からの申し入れで、毛沢東主席と田中角栄首相の会談が実現した。田中首相が大平正芳外相、二階堂進官房長官を連れて中南海にある毛主席の書斎を訪れると、毛主席と周恩来首相、姫鵬飛外相、廖承志外交部顧問が待っていた。

毛主席は田中首相らと固い握手を交わすと、開口一番「喧嘩はもうすみましたか。喧嘩してこそ初めて仲良くなれます」と話しかけた。これに対し田中首相が「いやいや、私どもの会談は大変友好的で、喧嘩はしておりません」と答えると、毛主席は「雨が降って地が固まるという言葉があるように、議論した方がかえって仲良くなるということもありますよ」とほほ笑んだ。

毛主席は「皆さんがこうして北京にやってくると、全世界が戦々恐々としている。土として ソ連（現ロシア）とアメリカという二つの大国だ。彼らは内心穏やかでなくなっており、陰で何をこそこそたくらんでいるんだろうと考えている」と世界情勢に触れ、「現在はお互いに必要としあっている。これは（米国の）ニクソン大統領が私に言ったことだ。彼がお互いに必要としあっているか、と聞いてきたので、私はイエスと答えた。（中略）自民党の主力がやらなければ、どうして中日復交問題を解決することができましょうか」と力を込めた。毛主席はソ連を主要な敵と位置付け、日米両国との関係改善を目指していたのである。

他方で毛主席は「迷惑の問題はどうなりましたか」と、田中首相の「ご迷惑」スピーチに穏やかに言及。通訳の女性たちを指さして「彼女たちは文句を言っているのです」とも語った。これには大平外相が「これは、中国側の意見に従って改め、解決しました」と答え、毛王席は「ご迷惑の解釈は田中首相の方がうまいそうですね」と応じたという。大平外相は日中共同声明に中国側に歩み寄った謝罪表現を盛り込む決意をしていたのである。

最後に毛主席は書棚の中から中国の古典『楚辞集注』六巻を持ってこさせて、田中首相に手渡した。こうして歴史的な会見は終わった(65)。

同席した二階堂官房長官は田中・毛会談の意味について「結局、〝迷惑〟論議にはじまった問題を氷解させ、感情的なしこりをなくして、このとき交渉を終わらせるという意味の手打ち式だったな、と思い当たった」と振り返る。(66)

翌二八日付の中国共産党機関紙「人民日報」は、一面トップ全段抜きで、「毛主席、田中首相と会見」という新華社電を報じ、二人が握手している写真と、毛主席の書斎で歓談する写真を大きく掲載した。

九、固い握手

第三回外相会談——謝罪、戦争終結、賠償問題が決着

二七日夜の田中・毛会談後の午後一〇時一〇分から、大平正芳外相と姫鵬飛外相による三回目の会談が迎賓館で開かれ、共同声明の案文を詰める作業が行われた。姫外相は残った問題として、戦争損害に対する日本側の反省表明（謝罪）の問題、戦争状態終結に関する問題、戦争賠償についての表現の問題などを挙げた。

姫外相はまず前文に含まれる反省表明の問題について、「日本側は、過去において日本が戦争を通じて中国人民にもたらした重大な損害の責任を深く反省する」という表現を示した。以前の案にあった「日本軍国主義」を除く代わりに「責任」を盛り込もうという提案である。大

平外相はこれを受け入れ、「重大な損害を与えたことについての責任を痛感し、反省する」と明確な謝罪に踏み込んだ。

次に姫外相は、戦争状態の終結について以下のように提案した。

前文の中に「戦争状態の終結」の字句を入れる、（中略）本文第一項において「本声明が公表される日に、中国と日本との間の極めて不正常な状態は終了する」との字句を入れることにより、戦争終結の時期について、中日双方がそれぞれ異なった解釈を行ないうる余地が生じる。

大平外相は「日本側の意向をお含み頂き感謝する」と述べた上で、「極めて」を「これまでの」に修正するよう求め、姫外相も同意した。

姫外相は賠償請求問題について、「中華人民共和国政府は、中日両国人民の友好のために、日本国に対し、戦争賠償の請求を放棄することを宣言する」との文言を提案。当初の中国案にあった「請求権」の文言が日本側の求めていた「請求」に変わっていたことを了とし、大平外相は「中国側の好意によるものであると考えている」と受け入れた。

すべての案文の調整が終了したとき、時計の針は二八日の午前零時三〇分を指していた。(67)

この会談で、大平外相は中国側が賠償を放棄したことを重く受け止めた。それが、大平が首相在任中の一九七九年の対中円借款供与決定につながっていく。いつか円借款で賠償放棄の埋め合わせをしたいという意識が、この夜から大平には宿っていったのであった(68)。

第四回田中・周会談――台湾との民間交流は容認

二八日午後三時、最後の会談となる四回目の首脳会談が迎賓館で開催された。ここでは最後まで残った台湾問題が議題となった。

周恩来首相は「台湾問題につき、日本側から話を聞きたい」と促した。これに対し、大平正芳外相は「いよいよ明日から、日台間の外交関係は解消される」と切り出し、「日中国交正常化後の日台関係」と題する文書を読み上げた。

日中国交正常化の結果、現に台湾を支配している政府と我が国との外交関係は解消される。(中略)我が国は自由民主体制をとっており、台湾と我が国との人の往来や貿易はじめ各種の民間交流については、政府としては、これが正常な日中関係をそこねない範囲内において行われるかぎり、これを抑圧できない。(中略)何等かの形で民間レベルの事務所、コンタクト・ポイントを相互に設置する必要が生ずると考える。このことについて中国側の御理解を得たい。

周首相は「日本側では、台湾との間で『覚書事務所』のようなものを考えているのか？　日本側から、主導的に先に台湾に『事務所』を出した方が良いのではないか」と理解を示した。その上で、周首相が「田中・大平両首脳の信義に感謝する。中国も言ったことは必ず実行する。『言えば必ず信じ、行えば必ず果す』という諺が中国にある。今後は日中間に新しい関係を樹立して行きたい」と呼び掛けると、田中角栄首相も「我々は異常な決心を固めて訪中した。明日の大平大臣の記者会見で、台湾問題は明確にする」と応じた。

訪中前、台湾との関係について自民党は「従来の関係が継続されるよう十分配慮のうえ交渉すべきである」との党議決定を行っていた。そのことを念頭に、田中首相は「自民党内には党議違反の問題が起こってくる。しかし、私は総理であると同時に総裁であるから、結論をつけたいと考えている」と不退転の決意を付け加えた。(69)

夕方には、田中首相主催の答礼宴が人民大会堂で催された。

日中共同声明調印

日中共同声明の調印を数時間後に控えた二九日早朝、日本政府は台湾側に共同声明の内容を事前通告した。台北では宇山厚大使が外交部で共同声明を告げ、蔣介石総統宛ての田中角栄首相の「蔣総統が示された深いご理解とあたたかいご配慮に感謝の意を表するとともに、両国民の間に長年にわたって培われた友誼の精神は今後とも変わらざるものであることを切に祈念す

1972年９月29日、日中共同声明に署名する田中角栄首相（左から２人目）と周恩来首相（中央）

る」との趣旨の親電も伝達した。東京では法眼晋作外務次官が彭孟緝《ほうもうしゅう》駐日大使を外務省に招き、①今回の日中国交正常化により、中華民国とわが国の外交関係を維持することはできなくなる②しかし、わが国としては経済などの実務関係は続けたい③在留邦人の生命財産の保護に配慮してほしい――との立場を伝えた。

これに対し、台湾政府は同日夜、対日断交を宣言した。ただ、「すべての日本の反共民主人士に対して、我が政府は依然として友誼を保持し続ける」と民間交流継続の余地は残した。[70]

二九日午前一〇時二〇分、人民大会堂で日中共同声明の調印式が行われ、田中首相と周恩来首相、次いで大平正芳外相と姫鵬飛外相が筆を執り署名、正本を交換して固い握手を交わした。共同声明は前文と九項目から成っている。

【日中共同声明】

田中総理大臣及び大平外務大臣と周恩来総理及び姫鵬飛外交部長は、（中略）次の両政府の共同声明を発出することに合意した。

日中両国は、一衣帯水の間にある隣国であり、長い伝統的友好の歴史を有する。両国国民は、両国間にこれまで存在していた不正常な状態に終止符を打つことを切望している。戦争状態の終結と日中国交の正常化という両国国民の願望の実現は、両国関係の歴史に新たな一頁を開くこととなろう。

日本側は、過去において日本国が戦争を通じて中国国民に重大な損害を与えたことについての責任を痛感し、深く反省する。また、日本側は、中華人民共和国政府が提起した「復交三原則」を十分理解する立場に立って国交正常化の実現をはかるという見解を再確認する。中国側は、これを歓迎するものである。（中略）

一　日本国と中華人民共和国との間のこれまでの不正常な状態は、この共同声明が発出される日に終了する。

二　日本国政府は、中華人民共和国政府が中国の唯一の合法政府であることを承認する。

三　中華人民共和国政府は、台湾が中華人民共和国の領土の不可分の一部であることを重ねて表明する。日本国政府は、この中華人民共和国政府の立場を十分理解し、尊重し、ポツダム宣言第八項に基づく立場を堅持する。

四　日本国政府及び中華人民共和国政府は、千九百七十二年九月二十九日から外交関係を樹立することを決定した。両政府は、国際法及び国際慣行に従い、それぞれの首都における他方の大使館の設置及びその任務遂行のために必要なすべての措置をとり、また、できるだけすみやかに大使を交換することを決定した。

五　中華人民共和国政府は、中日両国国民の友好のために、日本国に対する戦争賠償の請求を放棄することを宣言する。

六　日本国政府及び中華人民共和国政府は、主権及び領土保全の相互尊重、相互不可侵、内政に対する相互不干渉、平等及び互恵並びに平和共存の諸原則の基礎の上に両国間の恒久的な平和友好関係を確立することに合意する。

両政府は、右の諸原則及び国際連合憲章の原則に基づき、日本国及び中国が、相互の関係において、すべての紛争を平和的手段により解決し、武力又は武力による威嚇に訴えないことを確認する。

七　日中両国間の国交正常化は、第三国に対するものではない。両国のいずれも、アジア・太平洋地域において覇権を求めるべきではなく、このような覇権を確立しようとする他のいかなる国あるいは国の集団による試みにも反対する。

八　日本国政府及び中華人民共和国政府は、両国間の平和友好関係を強固にし、発展させるため、平和友好条約の締結を目的として、交渉を行うことに合意した。

九　日本国政府及び中華人民共和国政府は、両国間の関係を一層発展させ、人的往来を拡大するため、必要に応じ、また、既存の民間取決めをも考慮しつつ、貿易、海運、航空、漁業等の事項に関する協定の締結を目的として、交渉を行うことに合意した。

中国国内向け北京放送は午前一〇時三〇分、日中共同声明調印式の模様と共同声明の全文を臨時ニュースとして放送した。(71)

日華平和条約終了を宣言

調印式を終えた大平正芳外相は、二階堂進官房長官とともに人民大会堂から北京民族文化宮内のプレスセンターに直行し、記者会見に臨んだ。大平外相は日中共同声明に関する政府見解（大平談話）を発表し、「共同声明の中には触れられておりませんが、日中国交正常化の結果として、日華平和条約は、存続の意義を失い、終了したものと認められるというのが日本政府の見解であります」と明言した。

二階堂官房長官はこの席で「中国人民から日本国民に、大パンダのオス、メス一つがいが贈られる」と報告した。(72)

日華平和条約の扱いは共同声明では触れられず、大平談話によって終了を宣言された。その結果として、日華平和条約はその時点まで有効だったことになる。中国側が提起した「復交三原則」の第三原則では、「日華平和条約は不法であり、無効であって、廃棄されなければならない」とされていたが、同条約は合法・有効との日本側の主張を中国側も結果的に認めた形となった。

「台湾は中国の領土の不可分の一部である」とする第二原則に関しても、共同声明第三項で「中華人民共和国政府は、台湾が中華人民共和国の領土の不可分の一部であることを重ねて表明する。日本国政府は、この中華人民共和国政府の立場を十分理解し、尊重し、ポツダム宣言第八項に基づく立場を堅持する」との表現に落ち着いた。第三項は、前述したように、ポツダム宣言に基づき台湾は中国に返還されるべきものであり、日本は台湾独立を支持しないということを意味している。同時に、日本としては一九七二年九月二九日の共同声明調印の時点では、台湾は日米安保の適用範囲内であり、中国に返還されていないと理解しているということも含意している。つまり日本としては第二原則についても、承認したわけではなかった[73]。

他方で、中国側は国内向けには、「復交三原則」がそのまま認められたかのように説明した。いわば対日交渉と国内宣伝の使い分けである。その結果、台湾問題が将来的に顕在化する可能性は残されたといえよう[74]。

帰国——自民党両院議員総会

共同声明の調印を終えた田中角栄首相ら一行は、九月二九日午後一時三〇分、周恩来首相とともに、北京空港発の特別機で上海へ向かった。四日前の到着の際とは打って変わって、空港への沿道には老若男女があふれ出て田中首相らの車列を祝福。空港でも約三〇〇〇人の小中学生、労働者、農民らが色とりどりの花や布を打ち振り、太鼓を鳴らし、笛を奏で、踊り、盛大に見送った。「歓送、歓送、熱烈歓送」の声が湧き上がり、田中首相も嬉しそうに目を細め、高く手を挙げて応えた(75)。

日中の首脳を乗せた特別機が北京空港を発つと、間もなく、疲れた田中首相は席で寝入ってしまった。二階堂進官房長官が「おこしましょう」と言うと、周首相は「二階堂さん、寝かしておきなさい」とほほ笑んだ(76)。

田中首相ら一行はこの夜、上海市革命委員会主催の歓迎宴に出席。翌三〇日午前九時三〇分、日航特別機で上海空港を発ち、帰国の途に就いた。別れ際に周首相は「お帰りになったら、天皇陛下によろしくお伝えくださ い」と語りかけ、田中首相も「必ず伝えます。ありがとう」と答えた(77)。

田中首相と大平正芳外相は午後一時五〇分、羽田空港に着くと、首相官邸で記者会見を済ませ、午後四時二〇分には自民党本部で両院議員総会に臨んだ。

田中首相は日中国交正常化について「国交は昨日をもって開かれ、これから党、政府一体となり、事後措置などをやらねばならない。これから悠久の平和のためになさねばならぬことが多くある。これを党、政府一緒に、国民の皆さんと一緒になってやりたい。了承えられたく思う」と理解を求めた。

続いて大平外相が日中共同声明の内容を項目ごとに説明した。大平外相は、「台湾は中国の領土の不可分の一部である」との中国側の主張を「理解し尊重」したが承認はしなかったこと、中国側に賠償請求を放棄させたこと、日米安保条約を容認させたこと、台湾との外交関係は断たれても実務関係は維持できるようベストを尽くすことなどを強調し、了承を促した。

これに対し、親台湾派の議員らから「中華人民共和国との国交をえた代りに、台湾との断絶をもたらし、これまでの不正常に匹敵する緊張を生み出した」（藤尾正行議員）、「日華平和条約を廃棄するなら、まず自民党内を一本化して、承認させるべきだ。また条約は国会で批准したものであり、その廃棄は国会に承認させるべきだと思う」（渡辺美智雄議員）などの批判が噴出した。

大平外相は「日華平和条約については、日中国交正常化の結果、働く余地がなくなった。どう考えてもその基盤が失われたと言わざるをえないわけで、正直に言ったまでだ」などと反論、田中首相も「われわれは台湾のため全精力を傾けた。そういう事実をふまえて決めたものだ」と述べて、何とか乗り切った(78)。

一〇、池田会長の訪中

周首相、病で会えず

松村謙三との会見（一九七〇年三月）に際して、創価学会の池田大作会長が、「（自分も）時機を見て、必ず中国にまいります」と述べたことは、前章で紹介した。「時機を見て」とは、おそらく「日中国交正常化をめぐる日本の政治社会状況が落ち着くのを待って」ということだったのだろう。池田会長の初訪中は、七四年になって実現した。形は中日友好協会の招待だったが、真相は周恩来首相本人の希望によるものだった。「ぜひ中国においでください」との首相の伝言が伝えられたのである。

七四年五月三〇日から六月一五日にかけて行われた初の訪中では、池田夫妻に七人の団員が同行した。そのうちの一人が、当時秘書を務めていた原田稔（現会長）であった。一行は東京から香港に飛び、翌日、列車で境界の駅まで行き、徒歩で深圳《しんせん》に入った。半月に及んだ訪中の日程で、一行は北京・西安・上海・杭州・広州などをめぐり、行く先々で、熱烈な歓迎を受けた。

この第一次訪中の間に、創価学会と中国との交流計画が次々と決定されていった。例えば、創価学会が学生訪中団、婦人訪中団などを定期的に派遣し、逆に中国からの各種訪日団を受け入れることが決まった。また、創価大学に中国の教育関係者を招へいすることや、中国への日本語書籍の贈呈、シルクロードの共同調査研究などでも合意した。

このときの訪中では、池田会長と周首相との会見はかなわなかった。会見の障害となったのは、周首相を襲った病だった。

周首相の身体には、七二年の四月ごろから異変が生じていたという。発熱、異様なだるさ、血尿。同年五月に精密検査を受けると、膀胱がんであることが分かった。しかも、発覚したときにはかなり病状が進行していた。

そのことを、主治医がまず鄧穎超《とうえいちょう》夫人に伝え、夫人の口から周首相にも告知された。周首相は平静さを崩さずにそれを聞いたが、その後も入院治療を受けようとはしなかった。「私にはまだやり残したことがたくさんある。入院している暇はない」と言い、従来通りのペースで政務をこなしていったのである。周首相が中国人民解放軍三〇五病院にようやく入院したのは、七四年六月一日のことだった。すでに、がんの告知を受けてから二年が経っていた。

池田会長の最初の訪中が行われたのは、そのような時期だった。周首相も池田会長との会見を望んでいたが、面会謝絶状態でかなわなかったのである。周首相の指示により、李先念《りせんねん》副首相との会見がセッティングされ、六月六日に北京の人民大会堂で行われた。病で会見がかなわない自分の代役を、副首相に託したのだった。

周恩来首相夫妻（Imaginechina／時事通信フォト）

会見はできなかったものの、この訪中の間、池田会長は常に周首相の心配りを感じていた。周首相が中国側の接待部門に対して、準備を入念に行うよう指示していたからである(79)。

鄧小平副首相との会見

池田大作会長の第二次訪中は、初訪中からわずか半年後の一九七四年一二月に五日間の日程で行われた。このときは東京から北京に飛行機の直行便で向かえるようになっていた。

訪中団のメンバーは、池田会長夫妻以下、第一次とほぼ同様だった。

一行が北京空港に到着したのが一二月二日。この第二次訪中では、北京大学との交流が大きな目的となっており、創価学会側から北京大学に五〇〇〇冊の図書が贈呈され、夜には北京大学主催で歓迎の宴も開かれた。

また、四日の夜には、北京の人民大会堂で、中日友好協会の廖承志会長主催の歓迎宴が開催され、その席上、中国側から「鄧小平《とうしょうへい》副首相が池田会長一行との会見を準備している」旨の発表があった。後に中国の最高実力者となる鄧副首相は、周首相からの信頼が厚く、首相の病が重くなってからは、中国政府の一切の職務を取り仕切っていた。鄧副首相は、病床の周首相の名代として、池田会長との会見に臨むことになったのである。

翌五日午前、鄧副首相と池田会長一行との会見が人民大会堂で行われた。会見は、一時間近くに及び、池田会長はその席上、周首相の病状について尋ねた。鄧副首相の答えは次のようなものだった。

「最近の何カ月かは、ずっと病院にいます。病状は、以前に比べて重いようです。今はできるだけ仕事は少なくするように言っています。特に大事な問題だけ報告するようにし、健康状態の良い時にだけ指示を仰ぐようにしています。普通であれば、周総理は喜んで（池田会長に）お会いすると思います。しかし、私たち党としても、できるだけ仕事をしないよう〝管制下〟に置いているのです」

周首相のがんは、ほぼ全身に転移が進んでいた。首相は七四年六月に入院してから七六年一月に亡くなるまでの間に、大小合わせて一八回に上る手術を受けたという。しかも、大量の抗がん剤を、副作用を承知で投与の上、なおも病床で政務を続けていた。

池田会長は鄧副首相に対して、丁重に周首相への見舞いの言葉を述べた。訪中団は、翌日には帰国する。周首相とは、今回も、このまま会うことなく終わるはずだった。だが、この日の夜、思いもよらぬドラマが待ち受けていたのである。

周・池田会見の舞台裏

鄧小平副首相との会見が行われた一二月五日の夜、北京市内の「国際クラブ」で、訪中団一行は「答礼宴」を開催した。到着当日に中国側が開く「歓迎宴」への返礼として行われるもので、滞在中に世話になった人々へのお礼という意味合いがある。

この答礼宴の途中、中日友好協会の廖承志会長が池田会長のところに来て、「これから周恩来総理のところにご案内します。総理がぜひお会いしたいと言っております」と伝えた。池田会長は、周首相の重い病状に配慮して、一度は辞退をした。だが、廖会長は重ねて「会見は、周総理の強い希望なのです」と言った。そこで池田会長は「それではひと目、お会いしたら失礼させてください。総理に負担をかけてはなりません」と述べ、迎えの車に乗ることにしたという。

夜九時半ごろのことだった。向かった先は、周首相の入院先である中国人民解放軍三〇五病院だった。

病院に入ると、会見の部屋のドアのそばに人民服姿の周首相が立っていた。病身をおして、池田会長を出迎えていたのである。眉が濃く、眼光鋭い精悍な周首相の顔立ちは少しも変わっ

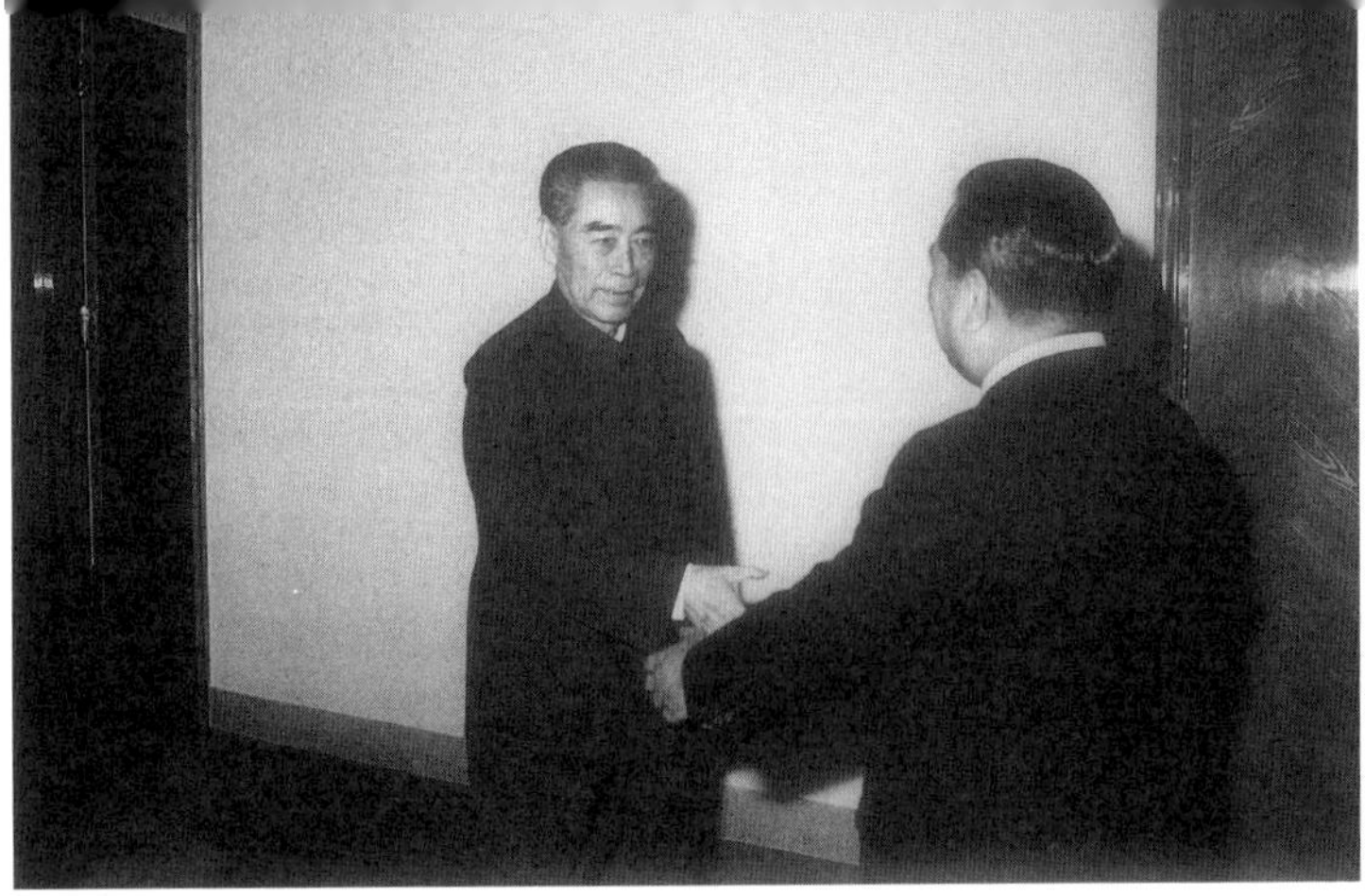

池田会長を出迎える周恩来首相（北京の三〇五病院で、創価学会提供）

ていないが、頬がげっそりとこけている。周首相は池田会長を見つけると、即座に歩み寄って「よくいらっしゃいました」と声をかけ、池田会長の手を握り、こう言った。

「池田先生とは、どうしてもお会いしたいと思っていました」

記念撮影が行われたあと、会見となった。日本側は池田会長に香峯子夫人のみが同席した。会長が首相の健康を気遣って、最少人数での会見を申し出たのである。中国側からは、廖承志会長と孫平化秘書長、通訳を務めた林麗韞《りんれいうん》対外連絡部員のみが同席した。

この会見は、周首相のたっての願いで急きょ実現したものだった。午前中に行われた鄧小平副首相との会見は、前述の通り「周首相の名代として池田会長と会う」という意味合いをもっていた。当時、首相の医師団、秘書団、それに中国共産党の方針として、「病気にさわるから、外国人の賓客には会わせない」と決まっていたのである。

だが、鄧穎超夫人が後に証言しているところによれば、この日の夜、周首相は「池田会長には、どんなことがあっても会わねばならない。呼んでほしい」と言ったという。医師団は猛反対したが、周首相は「どうしても会う」と言ってきかなかった。

そのやり取りを聞いた鄧穎超夫人が、次のように言ったという。

「恩来同志がそこまで言うのなら、会わせてあげてください。命を縮めても会わなければならない人がいます。それが、いまです」

この一言で、会見は決まった。

「桜が咲くころに…」

会見は、時間にして三〇分ほどの短いものだった。だが、実は医師団が周恩来首相に許可した会見時間は、たった五分間だったという。会見の通訳を担当した林麗韞部員が、後に次のようなエピソードを紹介している。

話し合いの最中に、医師が「総理、そろそろお休みください」と書いたメモを私に渡しました。医師は、儀礼的な会見と思っていたのに、長時間にわたっているため総理の体調を心配したのです。しかし、私がメモをお渡しすると総理は、それをサイドテーブルに置き、話を続けられたのです。このことからも、総理は、池田先生ともっと話したいという気持ちが強かったのではないかと思います(80)。

では、周首相はなぜ、それまでして池田会長と会い、語り合おうとしたのか。一九六〇年代当初から創価学会を「民衆のなかから立ち上がった団体である」と評価していたことや、池田会長が日中国交正常化に大きな役割を果たしたことに敬意を抱いていたことなどがこれまで指摘されているが、それだけではないだろう。

周・池田会見の内容は、同席した香峯子夫人が必死で記録したメモが残っている。それによると、周首相はこの席上、「池田会長は、中日両国人民の友好関係の発展はどうしても必要であるということを何度も提唱されている。そのことが、私にはとてもうれしいのです」と述べ、「あなたが若いからこそ大事につきあいたいのです」と語ったという。このとき、周は七六歳、池田は四六歳。周首相は日中関係の未来を、民衆を基盤にして平和主義に徹する創価学会と、それを率いる若い池田会長に託したかったに違いない。「国交回復後も交渉が遅滞していた日中平和友好条約の早期締結のために、池田会長の力を必要としていた」からだとの見方もある。

周首相はこのほか、「創価学会と公明党はその（中日友好という）目標に向かって積極的に取り組んでおられるが、私たちがともに抱く願望に合致しています」と強調。「今後我々は、世々代々にわたる友好を築かねばなりません。二〇世紀の最後の二五年間は、世界にとって最も大事な時期です。全世界の人びとがお互いに平等な立場で助け合い、努力することが必要で

1974年12月５日、周首相と会見する池田会長夫妻（右）（北京の三〇五病院で、創価学会提供）

す」と語ったという。

周首相の池田会長に対する期待の大きさをうかがわせる言葉であり、二人の心に強く通い合うものがあったとみるほかない。同席していた林部員も、「〝中日両国人民の世々代々の友好、末永い友好を続けなければいけない〟という周総理の期待を感じ、これを池田会長に託したい」と述懐している[81]。

周首相は、一九一七年から一九年にかけて、日本の東京に留学したことがある。「大正デモクラシー」が花咲く時代のことで、日本に来たとき、周恩来は一九歳の青年だった。香峯子夫人のメモによると、会見中、周首相が「五十数年前、桜の咲くころに私は日本を発ちました」と、その時期の思い出を語る一幕があった。池田会長はその言葉を受けて、「ぜひ、また、桜が咲くころに、日本へ来てください」と申し出

創価大学構内の周桜（創価学会提供）

た。すると、周首相は一呼吸置いて、「願望はありますが、実現は無理でしょう」と述べたという。

　会見を終えると、周首相は再び病院の玄関先まで歩き、別れを惜しむように池田会長たちを見送ったという。

　このときの会見での桜をめぐるやりとりを踏まえ、池田会長は翌七五年一一月、「周首相と留学生の桜を植えよう」と提案し、創価大学のキャンパス内に桜の木が植えられた。「周桜」と呼ばれているもので、新中国から正式に日本に迎えた第一期の国費留学生六人が創価大学の学生と力を合わせて植えたという。

　周首相の死去後、二人の交流は鄧穎超夫人によって受け継がれた。池田会長は北京の中南海にある自宅にも招かれ、夫人から周首相の形見である象牙のペーパーナイフと、彼女が愛用していた玉製の筆立てを贈られている。また、夫人が一九七九年に来日した際は、それを記念し、やはり創価大学のキャンパス内に「周夫婦桜《めおと》」が植えられた。「周桜」「周夫婦桜」とも、今では立派な樹になり、春になると見事な花を咲かせる。毎年、満開のころには、日中の関係者を招いての「周桜観桜会」が開かれているが、それは、周首相を偲び、日中友好への決意を新たにする集いともなっている。

歴史の空白を埋めるために――原田稔 創価学会会長の証言②

周首相が病床で託した平和友好条約

周恩来首相は一九七四年末、がんを患って病床にありながらも、江青女史（毛沢東主席夫人）ら「四人組」による執拗な攻撃をかわしつつ、政務をこなしていた。入院していたのは北京の中国人民解放軍三〇五病院。訪中した創価学会の池田大作会長は同年一二月五日夜、この病院で周首相と会見した。中国の指導者が外国の賓客を病院に招くなどというのは異例のことだったろう。一緒に病院の会見室に入ったのは日本側では池田会長の香峯子夫人だけであり、そこで何が話し合われたかについては、あまり知られていない。池田会長の秘書として三回の訪中に同行した創価学会の原田稔会長に、この周・池田会談について証言してもらった。インタビュアーは、田﨑史郎時事通信社解説委員、信太謙三元東洋大学教授。

急きょ決まった会見

田﨑　日中の国交が回復した後、一九七四年の五月から六月にかけて池田会長が中国を訪問されましたが、あのときは一緒に行かれたのですか。

自転車通勤する北京市民（1990年）

原田　はい、池田会長の一次（七四年五〜六月）、二次（同年一二月）、三次（七五年四月）の訪中に同行しました。あの当時、北京市内では朝の五時、六時ごろから、ホテルの窓越しにシャーッという大きな音が響いてくるのです。自転車で出勤する人たちと、夜勤を終えて帰る人たち、その自転車群の音です。そういう時代でしたね、今は全く様変わりですが。

田﨑　中国を訪問されたときの池田会長のエピソードをいくつかご紹介いただけますか。

原田　第二次の訪中のときだったと思うのですが、中国側は、朝の行動から始まって午前中、午後、夕方、夜と、スケジュールを全部びしっびしっと入れてくるのですね。池田会長はあまりそうした型にはめられるのが好きな方ではありません。午前中だけは、「ものを書くことなどがあるので、ちょっと失礼します」と言いながら、行事を入れるのを遠慮させていただいた。ときには、その時間を利用して、「おい、街へ出てみようよ」と、急に街に出ていくのです。中国側の随行員があわてて駆けつけてきましたけれどね（笑）。

それで、街の雰囲気を見て池田会長は「これは、中国は将来、本当にすごい国になるぞ。国力は日本を抜き去るときがあっという間に来るよ」と言われたのです。まさに中国の一般の皆さんの鼓動を体感した様子でしたね。

二一世紀の今日、すでに日本はGDPで中国に抜かれるところまで来てしまいましたが、そういうようなことがありましたね。

これは周首相とのエピソードということになるのですが、七四年一二月五日の午前中に鄧小平副首相と会見して、いろんな話をうかがいました。その際に聞いたところでは、「周総理の病状はかなり重く、今はわれわれの〝管制下〟に置いている」とのことでした。

したがって、「周総理はお会いしたかったのですが、残念ながら今回もお会いすることができません」ということでした。「では、よろしくお伝えください」ということで、周総理に対する記念品も鄧副首相にお預けしました。

「今回も会見はないなあ」と、残念な気持ちで夜の答礼宴を迎えたのですが、その最中に廖承志さんに電話がかかってきたのです。廖承志さんが中座したかと思うと、にこにこしながら戻ってきて、池田会長に何かささやいている。ぼくらは隣のテーブルでしたので、何がささやかれているのか分かりませんでした。

後で聞いた話では、廖さんが「これから周総理が会見します」とおっしゃった。池田会長としては、午前中に鄧小平副首相と会見した折に、病状が芳しくないと聞いていたので、かえってご迷惑をおかけするのではないかと丁重にお断りした。

すると、廖さんは困ったような顔をして、「いや、もう決まっていることですから…」と言われたので、「そうですか。では、お体にさわりのないように、手短にいたしましょう」と、こういうようなやりとりが行われていたのですね。

答礼宴が終わって、一度池田会長が宿舎に戻りました。私は秘書役ですので、支払いなどを済ませて一足遅れて宿舎に帰ったのです。そして、池田会長の部屋に行くと、「いやあ、これから周総理と会見なんだ」という話です。驚いている間もなく、「何か持っていく記念品はないか」と池田会長が言われるので、一枚だけ残っていた「萩と御所車」の絵を見せて「この絵がありました」と答えると、「じゃあそれを持っていこう」ということで、何とか態勢を整えて出発したのです。

医師団に止められても

信太　周恩来首相が入院していたのは、（高官専用の病院の一つである）中国人民解放軍三〇一病院ですか。

原田 （同じく高官専用の）三〇五病院です。ただ、当時は病院ということは全然知らされていませんでした。

信太 会談の時間はどれぐらいだったのですか。

原田 午後一〇時から三〇分ほどです。私たちは中に入れませんでした。会談は池田会長と香峯子夫人だけということで、その他のメンバーは記念撮影をした後は外で待機していたのです。ですから、会見の内容は夫人が懸命にメモされました。

田﨑 お二人の間では、どのようなことが話し合われたのですか。

原田 「二〇世紀の最後の二五年間というのは、非常に重要な二五年間になるでしょう」という国際情勢をめぐる話がありました。また、周首相は「私が（留学を終えて）日本の国を去ったのは、ちょうど桜の花が咲いていたころでした」という思い出も語られた。そこで、池田会長が「では、桜の咲くころにもう一度、日本においでくださいませんか」とお誘いしたところ、「願望はありますが、実現は無理でしょう」と周首相が答えられた。

そういうようなやりとりがあったと記録に残っております。これが一年後の「周桜」の記念植樹に結び付くのです。

信太 それにしても異例の会見ですよね。

原田 医師団からは強く止められたみたいですね。止められたからこそ、その日午前中に鄧小平副首相は「病が篤いので、今回もお会いできません」とおっしゃった。しかし、周首相の

「ぜひ会いたい」という強い意向は抑え難く、最終的に鄧穎超夫人も「本人が言っていることならば、そのようにしましょう」ということで医師団を説得して、帰国前夜の一〇時からという異例の時間帯で会うことにしたということです。

会見中の様子を聞きますと、医師からのメモが何度か回ったみたいですね。中日友好協会常務理事の林麗韞さんという女性が周首相専属の通訳だったのですが、彼女が回ってきたメモを首相に渡す。そのメモには「総理、そろそろお休みください」と書かれていたのですが、首相はそのメモを脇に伏せて話を続けたということのようです。

平和友好条約への思い

信太　周首相は、なぜそこまでして池田会長に会いたかったのでしょう。

原田　日中国交正常化の歯車を実質的に回し、その後も大事な役割を果たしている創価学会会長には、何としても会わずにはいられなかった、ということなのでしょうね。日中友好に尽力をしている会長に敬意を表して、ぜひ会わねばならない。六月に訪中した折にも相当強い希望があったようなのですが、術後二日目か三日目だったので、このときはお会いできずに終わってしまったわけです。

それと、周首相が一番気にされていたのは、日中国交正常化の達成後、簡単にいくと思っていた平和友好条約の締結が意外に遅れていたことのようでした。池田会長との会見で周首相が開口一番言われたのが「平和条約、友好条約をよろしくお願いします」という話だったそうです。日中関係が次のステップに進むよう、力添えをお願いしたいという思いがあったのではないでしょうか。

信太　周首相との会見を終えられて、池田会長の言葉で印象に残るものはありますか。

原田　池田会長が宿舎の部屋に戻ってこられたときのことですが、「いやあ、周総理の手の色は非常に白かった。あれは戸田先生（戸田城聖創価学会二代会長）の晩年の手と同じだった」というようなことを何気なくつぶやいていたのが今も脳裏に焼きついています。今だから言える話ですが、すでに池田会長としては、周首相の病が重く、そんなに長くはないなということを実感したのだと思います。「戸田先生の晩年の手と同じで、透き通った感じだった。握手したときの感覚も同じだった」と、おっしゃっていましたね。

田崎　ろうそくの火が消えていくような感じということですね。

原田　そうですね。それから数年後に、中国の国家文物院局長の王冶秋《おうやしゅう》さんが「周総理との思い出」という回顧録を『人民日報』に書きました。

それによると、周首相が「今晩、池田大作先生が私に、別の一枚の絵を贈ってくれましたので、あなたからの絵はお返しいたします」という一筆を添えて、王さんが病室に飾るために贈った絵を返してくれたというのです。周首相というのは、そのように義に厚い心の方なのだということを、王さんが『人民日報』に書いたのですね。つまり、王さんが届けて病室に飾っていた絵の代わりに、先ほどお話しした池田会長の贈った絵が最晩年、首相の病室を飾っていたのだろうと思います。

第三章　日中友好交流の軌跡

一、周恩来首相の死去

闘病中の激務

新中国、すなわち、中華人民共和国の建国以来二六年余にわたって首相を務めてきた周恩来が一九七六年一月八日、北京で死去した。享年七七。七二年五月に膀胱がんが発見されたものの、ぎりぎりまで執務を続け、日本との国交正常化交渉でも中心的な役割を果たした。中国に「棺を蓋《おお》て事定まる」という諺がある。人間の真価は死んでから決まるのだという意味で、中国共産党を率いた毛沢東主席に従い、周首相が新中国の建国に多大な貢献をしたことを評価しないわけにはいかない。

周首相の政治家としての真骨頂は、晩年に肉体の衰えとともに猜疑心が強まっていた毛主席の信頼をつなぎとめ、毛主席が社会主義の理想を性急に追い求めたことでもたらされた混乱に対処し、中国を破滅の淵から救い出したところにある。周首相はまた、毛主席によって失脚させられた同志や家族を親身になって助け、フランス留学時代の仲間だった鄧小平の復活にも尽力した。その鄧が改革開放政策を主導し、経済を飛躍的に発展させ、中国を名実共にアジアの大国に押し上げたのである。中国の発展への周首相の貢献度は決して小さなものではない。

周首相に対し「暴走する毛主席を止めなかった」といった批判もある。が、それは現実的見方とはいえない。強大な権力を握っていた毛主席と真正面からぶつかれば、失脚は免れず、周首相といえども、文革派のリンチで非業の死を遂げた劉少奇国家主席と同じ運命をたどっていたはずだからだ。

毛主席が発動した文化大革命（一九六六～七六年）中には、文革派内で主導権争いが起き、大規模な殺戮もあった。犠牲者数については、資料も乏しく正確なデータがあるとはいえないが、一般的に数百万人から一千万人が死亡したとされる。中には数千万人にも上る犠牲者を出したという説もある。寺院や教会が破壊され、多くの貴重な文化財が失われた。もし、周首相がいなければ、中国はさらに悲惨な道を歩んでいたとみてよいだろう。

当時、周首相はまさに命懸けで働いていた。膀胱がんが見つかった七二年五月といえば、ニクソン米大統領が中国を訪問した三カ月後で、田中訪中の四カ月前。周首相が米中関係の改善と日中国交の正常化という中国外交の二つの重要案件に取り組んでいた時期で、七月に北京入りした公明党の訪中団とは長時間にわたって会談している。周首相はこのとき、自らがんにかかっていることを隠し、激務をこなしていたのである。

そんな周首相を苦しめ続けたのが、毛主席の威光をかざして文革路線を突っ走った江青（毛主席夫人、党政治局員）、張春橋（党政治局常務委員、副首相）、姚文元（党政治局員）、王洪文（党副主席）の「四人組」である。周首相が「紅衛兵」と呼ばれた文革派の過激な青年たちに迎合せず、党や政府のテクノクラートたちを守り続けたためだった。「四人組」は周首相を批判して失脚させようと画策。毛主席に反旗を翻し、航空機で逃亡中にモンゴルで墜落死した林彪《りんぴょう》党副主席への批判とともに、儒教の祖である孔子に対しても批判を行う運動をスタートさせ、周首相への間接的な攻撃を展開した。これがいわゆる「批林批孔」運動で、周首相の体力を奪い取り、病状を悪化させたとされている。

一〇〇万人の見送り

前章で触れたように、周恩来首相は一九七四年六月一日、北京の人民解放軍第三〇五病院に入院する。ただ、首相としての執務は継続し、七五年一月の第四期全国人民代表大会（全人代）第一回全体会議には病身をおして出席し、政治活動報告を行った。この中で提起したのが有名な「四つ（農業、工業、国防、科学技術）の近代化」で、周首相はこのために毛沢東主席の承認を受け、失脚していた鄧小平を副首相として復活させた。周首相はこの年の秋から病床を離れられなくなり、翌七六年一月八日に死去したのである。

中国共産党・政府の中枢機関がある北京の「中南海」にあった周恩来と鄧穎超（元全国政治協商会議主席）夫妻の家で長年秘書を務めた趙煒《ちょうい》は後年、中国メディアに周首相が死去した当日の様子について語っている。次のようなものだ。

死去したのは一九七六年一月八日午前九時五七分のことで、毛主席を除く主だった党中央の指導者が病院に駆け付けた。同一一時、皆がそろったところで、鄧夫人は彼らの哀悼の意の表明に対して謝辞を述べ、この中で、周首相が生前に自らの葬儀に関して言っていた三点、すなわち①追悼会を開かない、②遺体との告別式を行わない、③遺骨は灰にして撒く――を明らかにし、故人の意向に沿ってほしいと申し出た。だが、李先念副首相が立ち上がり、「だめですよ。追悼会や告別式を開かなければ、われわれは人民に何と説明したらいいのですか。人民は納得しませんよ」と語り、鄧小平副首相が「先念の意見に同意する」と述べた。これに対して他の指導者からは特に反対意見は出ず、追悼会と告別式の開催が決まった。そして翌日、中国中央人民放送で周首相の死が全世界に伝えられた。(82)

周首相の遺体を乗せた霊柩車が病院を出発して八宝山革命公墓に向かったのは一一日午後四時三〇分。沿道では一〇〇万の北京市民が見送り、霊柩車は通常三〇分の道程を一時間三五分かけてゆっくりと進んだ。沿道からは市民のすすり泣く声が漏れ、途切れることがなかったという。周首相が中国でいかに人々に敬愛されていた存在だったのかが分かる。

「十九歳の東京日記」

周恩来は一八九八年三月五日、江蘇省淮安《わいあん》で生まれた。祖父は地方の役人で、晩年は淮安府山陽県の知事を務めた。だが、父親はあまり出世せず、家も貧しかったため、三人兄弟の長男だった彼は、叔父の死で、その家に養子として入った。ところが、実母と義母が相次いで病死。実の父は出稼ぎのために家を出てしまい、彼は貧しい生活の中で二人の弟の面倒を見なければならなかったという。

こうした幼少期の過酷な経験が彼の我慢強い性格を形成し、人物に対する鋭い観察力を養った。中国全土を一〇年間にわたって大混乱に陥れた文化大革命を発動し、晩年、暴走しがちであった毛沢東主席の下でも、彼が失脚させられなかった大きな理由の一つだ。

周恩来はその後、子どものいなかった奉天（現在の瀋陽）の財務局に職を得た父の兄のもとに引き取られていく。一二歳のときのことで、その後、伯父の転勤で天津に移り、現在の南開大学の前身である南開学校で学び、一九一七年六月に卒業。一九歳で日本留学のために東京にやって来た。しかし、日本での勉学は思うようには進まなかった。英語重視の南開学校の教育を受けてきたため、日本語に馴染めず、成果がなかなか上がらなかったからだ。だが、彼はこの日本で新中国の基本理念となった社会主義に出合い、目覚めていく。

彼は日記を付けていた。それをもとに中国共産党中央文献研究室が編纂した書物がある。『周恩来旅日日記』で、小学館が『周恩来「十九歳の東京日記」』（矢吹晋編集、鈴木博翻訳）として出版した。これによって、彼の日本での生活ぶりがよく分かる。彼は、日本語の習得が十分ではなかったために、第一高等学校や高等師範の入学試験に落ちてしまうのであるが、さまざまなものに興味を示し、あちこちを見て歩き、日本人と交流。学校教育ではとても得られない深い知識を身に着け、成長していった。

日記によると、彼は南開学校を卒業後、列強の侵略を受け苦境にある祖国と民衆を救いたいという高い志から日本への留学を決め、友人から金を借りて東京にやって来る。だが、その金だけでは下宿も借りられず、中国人の友人から再び借金をする。それでも足りず、彼が困り果てていたとき、一人の日本人女性が見るに見かねて金を工面してくれた。そして、彼はやっとの思いで神田山吹町の「金島建築工具店」の二階に下宿することができたのである。そこには二人の中国人学生も下宿しており、彼は日本語を学ぶために下宿からそう遠くないところにあった東亜高等予備学校に通った。

周恩来を助けた日本人女性がだれなのかは分からない。本当にありがたかったに違いない。こうした厚意は記憶にいつまでも残るもので、彼の日本人に対する好印象を形づくったのではなかろうか。それが半世紀以上あとの日中国交正常化のための交渉にもプラスに働いた。そう考えても、あながち間違いではなかろう。この女性の功績を思わざるを得ない。

彼は東京で何回も転居しており、一九一八年二月一日、中国の友人が米国に留学することになって下宿が空くというので、そこに移った。静かな寺院の一角だった。東京美術学校の学生で、西洋画を学んでいた保田龍門（画家、後に和歌山大学学芸学部教授）もそこに下宿しており、二人はすぐに親しくなった。日記にはこう書かれている（編著者訳出）。

昨晩、（友人の）季衡《りしょう》（厳智開《げんちかい》）の下宿に引っ越してきた。すべてうまくいった。今日、朝起きて季衡、それと同居している日本の美術学生、保田君といっしょに朝食をとった。

周恩来は英語が得意だったため、保田とは日本語に英語を混ぜながら会話をしていた。社会問題などについても意見を交換し、語り合ったようだ。二人はこうしてどんどん親密な間柄になっていった。同月六日の日記にはこうある。

帰宅して保田君と歓談。日本語と英語で話す。彼が私の絵を描いてくれた。

実は、この絵が中国・天津市にある「周恩来・鄧穎超記念館」に収蔵されている。同館のホームページによると、この絵は保田龍門の子息、春彦が所有していたもので、二〇〇〇年一月二七日、人を介して同館に寄贈された。

保田龍門（画家）の描いた若き日の周恩来（周恩来・鄧穎超記念館ホームページから）

絵はA4判（二一〇ミリ×二九七ミリ）とほぼ同じ大きさの紙に描かれている。彼は幾分右を向いており、大きく見開いた目と太くて濃い眉が印象的だ。春彦はこの絵とともに、「このデッサンはわが父が八二年前に自ら描き上げたものであることを謹んで証明する」としたためた「添書」も届けている。

ただ、周と保田が寺院の一角に下宿していたのは一カ月足らず。そう長いことではなかった。家主が「下宿として貸し出すのをやめるので二四日までに出ていってほしい」と通告してきたため、彼は保田と別れ、南開学校の日本留学仲間である王朴山《おうぼくさん》の下宿に移った。

しかし、二人の交流はその後も続き、周は一九一八年三月一日、仕事のついでに保田を訪ね、旧交を温めている。また、二人は頻繁に手紙をやり取りしていたようだ。驚くべきは二〇年に二人がフランスで再会しているということだ。当時、周は働きながら学ぶ「勤工倹学」制度に応じてパリにおり、保田は彫刻を学ぶため米国経由でフランスにやって来た。パリでの再会は周にとって嬉しかったに相違ない。

周恩来の日本人観

周恩来の日本留学時代の話に戻る。彼はこの時期、日本の新聞をよく読んでいた。一九一八年二月四日の日記の一節を訳してみる。

　人間は精神が定まっていれば、学問はどこだってできる。何で、一日中、教科書にしがみついていなければならないのか、そんな必要はない。学問とは何か。わたしは日本に来てからというもの、すべて求学の眼でみればいいのだとし、日本人の一挙一動を観察してきた。すべてのことに対し、われわれ留学生はみな、注意を払わなければならない。わたしは毎日、新聞を読むときは、いつも一時間以上を使っている。時間は貴重だとはいえ、彼らの国情について知らなければならない。『己を知り、彼を知れば、百戦百勝』、古の人は実にいいことを言っている。

彼の憂国の情がひしひしと伝わってくる。そして、彼は学校ではなく、英字紙も含め、新聞を通してさまざまなことを学んでいく。同年一月二三日の日記を読むとそれが分かる。

今朝、『朝日新聞』で、昨日の日本の国会の事情や各党派の質問状況、寺内内閣の各大臣の演説を知り、心中、感慨深いものがあった。（中略）（それと比べて、わが中国の）人民の程度、普通の知識がこのようなものであれば、どうしてすぐれた国会をもつことができるというのだ。役人についても、国のことを本当に考えている役人は何人いるのか。考えると、空恐ろしくなる。夜になってまた、梁任公《りょうにんこう》（梁啓超《りょうけいちょう》）の文集を手にし、「十年以后当思我、挙国如狂欲語誰。世界無窮願無尽、海天寥廓立多時（十年以後、我を思えば、国を挙げて狂うが如く、誰かを語らんと欲す。世界は尽きることなく、願いも尽きることなし。海と空は果てしなく、たたずむこと多し）」の詩句を読むと、涙がこぼれ落ちそうになった。突然、梁任公がこの詩を作ったときの年齢がまだ二十七、八歳であることに思い至った。私は今、既に何の取り柄もない十九歳となり、ひとつもなしえたことがない。学問は門前にも至らず、本当に先輩に恥ずかしい。

周恩来はまた、子どもの遊びを見て、日本の教育の優れた面を悟り、日本と中国との関係においても、極めて公平で、正確な評価を下している。一九一八年三月九日、彼は友人に勧められて都心にある日比谷公園を散策した。その際、彼は二人の小学生ぐらいの女の子が地面の土を踏んでいるのを見て、当初は「中国の子どもたちと一緒だ。泥遊びをしているな」と考えた。しかし、近づいて見てみると、彼女たちは、どこからか、いらない草を持ってきて植えていた。彼はそこで日本の教育の優れた本質に思い至る。そして、日記に次のように書いている。

中国人は口を開くとすぐに「東洋（日本）はボロボロの国だ」という。しかし、よくよく考えてみると、日本は本当にボロだろうか。残念ながら、中国はいささか意気地なしとするしかない。ひとつのことを挙げて類推するに、日本の国民が中国人を軽蔑するのも不思議ではないと思った。彼らの知識は実際に小さいころから訓練されてのものだ。中国人は理解が不十分で、物事に通じているといえるのだろうか。

どんな状況下でも冷静さを失わず、正確な判断を下していけるという彼の優れた政治的資質がここからも見てとれる。

革命への道

日本は一九一八年五月、中国の親日的な段祺瑞《だんきずい》政権との間で「日華共同防敵軍事協定」を結んだのだが、中国国内では、段政権の「売国的行為」だとして学生や知識人らによる反対運動が巻き起こった。この運動はすぐさま日本にも伝わり、中国人留学生らが「日本留学生救国団」を結成し、留学生活を打ち切って故国の反対運動に加わるよう呼びかけた。この中で、中国人留学生多数が日本の警察によって逮捕されるという事件も起きている。

周恩来は日本留学時代、一九一八年七月二八日に朝鮮半島経由で天津に帰り、九月四日に再び東京に戻ってきているが、理由は不明だ。ただ、彼は直情径行的に反対運動に参加してはいかなかった。このころ、彼は米国人ジャーナリストのジョン・リードがロシア革命について書いた『世界を揺るがした十日間』や日本の社会主義者でマルクス経済学を研究していた河上肇の『貧乏物語』などを読んでおり、社会主義に対する理解を深めている。

彼は一九一九年五月四日に起きた大規模な反日運動、いわゆる「五・四運動」の直前に、日本留学を切り上げ、中国に戻っている。母校の南開学校が大学部を創設し、そこで学ぶためだったとされている。が、帰国後、彼は学生運動に積極的に参加し、新中国の建国に続く革命の道を歩み始めるのである。

日本の心象風景

周恩来の日本滞在はわずか一年余にすぎない。彼は神戸から船で大連に行き、親戚のいた瀋陽を経て、五月に天津に帰り着いた。日本を離れる直前の四月五日、彼は京都の嵐山を訪れている。その際に詠んだ詩が「雨中嵐山」で、同地の公園に立つ石碑に刻まれている。

雨中二次遊嵐山　　雨中、二度、嵐山に遊ぶ
両岸蒼松　夾着幾株櫻　　両岸の青松、幾株かの桜を挟む
到盡處突見一山高　　尽きる処、高山現れ
流出泉水綠如許　　流れ出る泉水は緑の如く

繞石照人
瀟瀟雨　霧濛濃
一線陽光穿雲出
愈見姣妍
人間的萬象眞理　愈求愈模糊
模糊中偶然見着一点光明
眞愈覺姣妍

石をめぐり、人を照らす
瀟々《しょうしょう》たる雨　霧立ち込めて暗く
一線の陽光、雲を穿《うが》って射す
見るごとに姣妍《こうけん》（美しい）なり
人間の万象真理は求めばますます模糊たり
模糊たる中、偶然、一点の光明をみる
まさに、ますます姣妍を覚ゆ

当時としては新しい口語体の詩で、「模糊たる中、偶然、一点の光明をみる」について「マルクス主義に出合ったことだ」とする説もあるが、定かではない。ただ、新たな旅立ちの中で、周は中国の前途に大きな不安を感じつつ、将来に何らかの希望を抱こうともがいていた。それがこの詩に反映されているとみてよかろう。実に美しい詩で、彼の日本に対する心象風景だと見てとれないこともない。

前にも触れたが、彼は死去する約一年前の一九七四年一二月五日夜、北京の人民解放軍三〇五病院で創価学会の池田大作会長と会っている。その際、彼は戦前に一九歳で留学した日本時代を振り返り、「五十数年前、桜の咲くころに私は日本を発ちました」と語ったという。このことからも、彼が日本の美しい風景を愛していたのがよく分かる。友好はお互いの素晴らしさを認め合うところから始まる。周恩来は中国だけでなく、日本にとっても、実に大きな存在だったといえよう。

二、急拡大した日中交流

経済発展への貢献

日中の国交正常化実現に尽力した両国の政治家や各界指導者は、中国の周恩来首相を含め、その多くがすでに鬼籍に入った。一九七二年九月二九日、北京の人民大会堂で周首相とともに共同声明に調印した田中角栄首相はこの後、七四年に金脈問題の追及を受けて辞職。七六年には米大手航空機メーカー、ロッキード社の全日空への航空機売り込みに絡む贈収賄事件（ロッキード事件）で逮捕され、刑事被告人のまま九三年一二月一六日に死去した。

しかし、日中関係は国交正常化後、それまで抑えつけられていたエネルギーがいっきに解き放たれたかのように、あらゆる分野で急速に発展していった。

特に、経済関係の発展には目を見張るものがあった。日中が国交を正常化した七二年の両国の貿易取引は総額わずか一一億ドル。それまでの日中貿易といえば、中国側から認められた日本の「友好商社」が大豆、石炭、鉄鉱石、羊毛などを輸入する一方、鋼材、化学肥料、化学繊

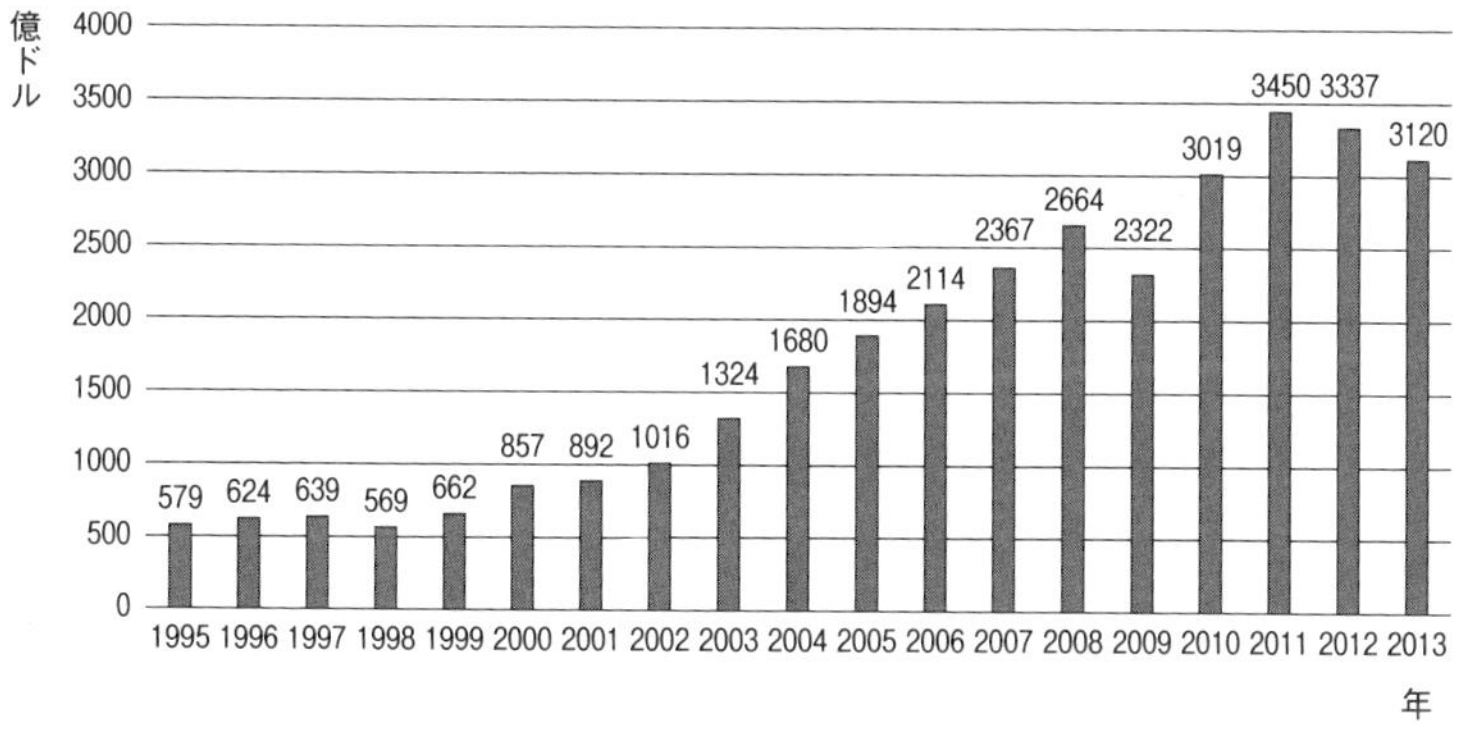

日中貿易額（輸出入総額）の推移（ジェトロ統計より）

維、機械、船舶などを細々と輸出していたにすぎなかった。六二年に「日中長期総合貿易に関する覚書」が交わされた後も、いわゆる「LT貿易」で限定的な取引が行われていただけであった。

資本主義国からの資本・技術導入を嫌っていた最高実力者の毛沢東主席が七六年に死去すると、現実主義者の鄧小平が権力を握り、七八年末に改革開放政策をスタートさせた。これにより中国経済が成長軌道に乗り始めると、日中貿易もさらに拡大。九五年に五〇〇億ドル、二〇〇二年に一〇〇〇億ドル、二〇一〇年に三〇〇〇億ドルを突破した。同年の貿易総額は三〇一八億八七〇〇万ドル（対中輸出一四九〇億八六〇〇万ドル、対中輸入一五二八億〇一〇〇万ドル）を記録し、その後も三〇〇〇億ドル台を維持している。七二年から三八年間で三〇〇倍近くになったということだ。

この過程で、日本は中国の経済発展に大きく貢献した。その代表的なものが中国に対する政府開発援助（ODA）

で、中国が国交正常化に際して対日戦争賠償請求を放棄したこともあって、日本は七九年以降、毎年、中国に対して巨額の資金を供与し続けてきた。日本外務省のデータによると、対中ODAは、二〇一二年度までに有償資金協力（円借款）が約三兆三一六五億円、無償資金協力が一五七二億円、技術協力が一七九七億円に上り、総額は三兆六五〇〇億円を超えている。

これらの資金は中国の道路、空港、発電所などの建設や医療・環境分野のインフラ整備に使われ、日本からの円借款で電化された中国の鉄道の総延長距離は何と五二〇〇キロメートル。円借款で整備された中国の一万トン級以上の船舶の大型バース（接岸施設）は約六〇カ所にも及ぶ。また、技術協力では、日本の国際協力機構（JICA）がこれまでに一万五〇〇〇人以上、海外技術者研修協会（AOTS、現在は海外貿易開発協会と合併して一般財団法人海外産業人材育成協会）が二万二〇〇〇人以上の研修員を中国から受け入れるとともに、JICAは五〇〇〇人の専門家を中国に派遣している。日本からの経済的援助が中国の経済建設に果たした役割は決して小さなものではない。

今ではあまり知られていないかもしれないが、中国を代表する上海の宝山製鉄所は一九七八年、新日本製鉄の全面的協力の下で建設を開始。資金不足で不可欠なプラントの輸入ができなくなると、日本政府は、円借款とは別に商品借款を供与し、宝山製鉄は危機を乗り切ったのである。

「政〝熱〟経熱」の時代

国交正常化後しばらくは、日中関係は友好ムード一色で、今のような「政冷経熱」ではなく、「政〝熱〟経熱」の時代であった。

この日中友好ムードに火をつけたのが中国の珍獣パンダで、日中が国交を正常化した一カ月後の一九七二年一〇月、オスの康康（カンカン）とメスの蘭蘭（ランラン）が日本にやって来た。中国が日中国交正常化を記念して「中国からの親善大使」として日本に贈ってくれたものだ。プロローグでも触れたが、一一月五日に上野動物園で公開されると、大勢の親子連れが縫いぐるみのように可愛いパンダを一目見ようと押しかけ、その列は二キロにも及んだ。

当時は、「日中友好」を掲げると人が集まり、七四年七月に大阪と東京で開催された「中華人民共和国展覧会」は大盛況で、入場者は約四〇〇万人にも達した。この日中友好ムードの中で、日本の各都市は中国の都市と「友好都市提携」を次々に結び、相互訪問を繰り返した。日中友好協会の集計によると、日中間の友好都市の数は二〇一三年五月現在で三六六組に上っている。

日中両国首脳の相互訪問も、今とは違って、極めて順調に行われた。一九七八年一〇月に中国の最高実力者、鄧小平（肩書は副首相）が来日した後、七九年一二月には大平正芳首相が訪中。八〇年には中国の華国鋒《かこくほう》首相が、急逝した大平首相の葬儀のためを含め、二度来日した。八二

訪日した鄧小平副首相（中央）、廖承志全人代常務委員副委員長（右）を自宅の庭に案内する田中角栄元首相（東京・文京区、一九七八年一〇月二四日）

年には趙紫陽《ちょうしよう》首相が日本を、鈴木善幸首相が中国を相互に訪問。八三年に中国共産党の胡耀邦《こようほう》総書記が来日すると、八四年と八六年には中曽根康弘首相、八八年には竹下登首相がそれぞれ訪中した。翌八九年には李鵬《りほう》首相が日本を訪れ、九一年には海部俊樹首相が訪中。翌九二年四月には江沢民《こうたくみん》が党総書記として来日し、同年一〇月には、天皇皇后両陛下が初めて訪中され、日中関係は最良の時期を迎えた。

こうした中で、日本企業の対中進出が急ピッチで進み、日系企業は今や中国大陸に約二万社あるといわれている。中国への進出は当初、「労賃が安い」ということで、衣料の縫製や家電製品の組み立てといった労働集約型企業が中心だった。

中国が高度経済成長を続け、生産コストがアップすると、日系の労働集約型企業は中国から次々に撤退し、今日ではタイ、ベトナム、カンボジア、ミャンマーなど東南アジア諸国に生産拠点を移転している。しかし、中国が「世界の工場」から「巨大な市場」に成長したことで、技術力の高い日系企業は中国にとどまって奮闘。豊かになってきた中国の消費者をターゲットに、日系の流通やサービス企業の進出が進んでいる。

中国の街を歩いていると、最近は、見慣れた日系のスーパーやコンビニの看板が実によく目に付く。進出の形態（独資や合弁）や提携先（地元や台湾の企業）はさまざまであるが、コンビニ業界では、セブン‐イレブン、ファミリーマート、ローソンが健闘。セブン‐イレブンとファミリーマートの店舗数は一〇〇〇店を超えている。日系コンビニの商品展示は日本とほぼ同じで、商品の棚には、中国市場向け包装の日本の菓子なども並んでいたりする。

日本外務省の海外在留邦人調査によると、中国の在留邦人数は二〇一三年一〇月一日現在、一三万五〇七八人。実際は、さらに多いとされ、「蘇州を含む〝大上海エリア〟には一〇万人の日本人が生活している」といわれている。

一方、日本で暮らす在留中国人数も急速に増えており、法務省統計によると、一三年末現在、六四万九〇七八人。在留外国人全体の三一・四％を占めるまでになっており、東京では、電車内やレストランなどで、中国語を耳にする機会が増えてきた。日中関係が国交正常化後の約四〇年間でどんどん深まり、まさに切っても切れないものになってきたということである。

国境を越えた出会い

この日中関係を根底で支えているのが、国境を越えた民間人や民間団体同士の〝草の根交流〟だといえる。これにもいろいろな形態があるが、突き詰めれば、日中間の人間同士のお付き合いということになろう。

先に触れたように、新中国の初代首相を務め、日中国交正常化で大きな役割を演じた周恩来は、若いころ日本に留学していた。その下宿先で東京美術学校を卒業したばかりの保田龍門と出会い、親しくなり、頻繁に行き来し、パリでも再会した。この保田との交友、いわば〝草の根交流〟が彼の日本人に対する良いイメージを形づくり、日中の国交正常化にプラスに働いていたとみることもあながち見当違いとはいえないだろう。

もちろん、周首相は老練な政治家であり、国益がかかる日本との国交正常化交渉で感情に流されるようなことはなかったはずだ。が、指導者たちの心の奥に潜む感情も、政治の動きを見るときに軽視するわけにはいかない。

日本側で日中国交正常化に大いに貢献した一人が元全日空社長の岡崎嘉平太であるが、彼の場合、旧制中学時代の中国の友人との出会いが日中友好事業に身を投じていくきっかけとなったといわれている。岡崎は一八九七年、岡山県賀陽郡大和村（現・吉備中央町）の農家の長男として生まれ、旧制岡山中学校に入学。宿舎で中国からの留学生、陳範九《ちんはんく》と知り合い、親しくなった。当時、中国人は日本で蔑まれたりしていたが、岡崎は陳との交流で中国人の教養の高さを知り、中国と付き合うことの大切さを自覚したとされる。

岡崎は旧制中学を卒業後、一高、東大を経て日本銀行に入行。上海駐在や在中華民国大使館参事官などを務めて中国と深く関わり、戦後は全日空社長などを務めながら日中国交正常化のために奔走した。周首相はそんな岡崎が田中角栄率いる訪中団のメンバーに入っていないことを知ると、それに先立って岡崎らを北京に招き、「わが国では水を飲む時には井戸を掘った人を忘れないという諺があります。（中略）岡崎先生、松村（謙三）先生、あなた方もその一人です」と語ったそうだ。(83)

草の根の青年交流

人と人との小さな出会いが、その後に、大きな歴史を動かす力になっていくことだってあるのだ。日中国交正常化が実現すると、こうした観点に立って日中友好を目指す〝草の根〟レベルでの相互交流が活発化していった。

その象徴的なものが、一九七〇年代に始まった「友好の船」や「友好の翼」といった大型交流事業である。船舶や航空機をチャーターし、日本人は中国の、中国人は日本の各地を集団で訪れ、交流を深めていった。当時、中国は現在のように開かれてはおらず、入国ビザの取得も容易ではなく、日本人がそう簡単に遊びに行けるようなところではなかった。また、中国人に

中日友好の船訪日団を乗せて下関港に入港した「明華号」

とっては、海外に出るのが非常に難しい時代だった。こうした状況の中で編み出されたのが「友好の船」や「友好の翼」であり、この事業が日中友好に果たした役割も見逃せない。

中でも、七九年春に中日友好協会の廖承志会長が率いて日本を訪れた「中日友好の船」には、中国共産党・政府の中央や地方の若手幹部六〇〇人が乗り込み、日本列島を一周。約一カ月にわたって日本各地を訪れ、自らの見聞を広めるとともに、日本人との交流を重ねていった。

また、「友好の船」や「友好の翼」事業とは別に、八四年九月から一〇月にかけ、日本人の青年三〇〇〇人が中国を訪問した。中国共産党の胡耀邦総書記と中華全国青年連合会（全青連）の招きによるもので、九月二四日、上海の空港に到着した第一陣を一二〇〇人の中国人青年が出迎えた。当時の全青連主席が、後に中国の国家主席・共産党総書記になる胡《こ》錦濤《きんとう》である。

三〇〇〇人の日本人青年はグループに分かれて中国各地を訪れ、都市や農村、学校や工場などを視察した。中国の人たちと交流し、温かいもてなしを受ける中で、中国への親近感を深めていった。訪中団に参加した日本の若い女性が、中国人女性と頬をぴたりとつけて抱き合い、互いに満面の笑みを浮かべている写真がある。日中関係は、こうした心の交流を通し、発展していったのだと思わざるを得ない。

この翌年、八五年三月には、日本外務省の招へいで中国青年代表団一〇〇人が日本を訪れている。団長は胡錦濤で、中国共産主義青年団（共青団）第一書記を務めていた。また、副団長は中国の現首相である李克強《りこくきょう》だった。

胡団長や李副団長はこのとき、東京・信濃町の創価学会本部を訪問。全青連と創価学会青年部との間で交流議定書を交わしている。胡団長は池田大作名誉会長とも会い、「青年部とともに『中日の美しい未来』のために努力していきたい」と述べたというが、単なる外交辞令だったとは思えない。両者の交流は以後、今日に至るまで毎年続けられている。

地道な民間交流

一九八四年九月には、日中両国の老、壮、青の代表が友好関係をさらに発展させていくための場として、「日中友好二一世紀委員会」が設立され、第一回会合が東京で開催された。同委員会は「日中双方の有識者が、政治、文化、科学技術等の幅広い分野に関して議論し、両国政府首脳に提言・報告を行う」ものとして期待され、二〇〇一年まで一五回の会合が開催された。その後、同委員会は〇三年に「新日中友好二一世紀委員会」と名称を変えて、〇八年まで八回の会合が開かれ、同年一二月に「日中『戦略的互恵関係』の強化へ向けて」と題する最終報告書を発表した。

ただ、この委員会は、民間人の会合だとされてはいても、実質的には両国政府の実務当局者の意見のすり合わせの場で、両国が政治的に厳しい局面に突入すると、ほとんど機能しなくなってしまった。報告書も官僚の作文のようなもので、本来の〝草の根〟レベルの交流のように人々の共感を得ることはできなかった。

しかし、日中双方の人々の心をとらえる地道な民間交流は、「政冷経熱」という厳しい時代に突入した後も、根底で日中の友好を支えている。この中で忘れてはならないのが、中国・内モンゴル自治区のクブチ砂漠を緑化した日本人農学者、遠山正瑛だ。

遠山は一九〇六年に山梨県に生まれ、京都大学を卒業。鳥取大学で教鞭を執りながら砂丘地帯での農業について研究を進めた。そこで培われたノウハウを利用し、九一年に「日本沙漠緑化実践協会」を設立し、二〇〇四年に死去するまでクブチ砂漠の緑化に取り組んできた。すべてボランティアで、毎年、多くの日本人ボランティアと共にポプラの木を植え続け、さまざまな困難を乗り越え、砂漠を緑の地に変えたのである。遠山らが砂漠に植えた木は三〇〇万本に

1973年４月３日、紋付、羽織、はかまの正装で出発する、横綱北の富士（右から２人目）ら日本相撲協会訪中団一行（東京・羽田空港）

上り、現地には遠山記念館が建設され、銅像も建てられている。

多様な文化交流

文化交流の力も高く評価すべきだろう。日中両国は国交正常化後、文化、教育、学術、スポーツなどの分野での交流を積極的に推進。この結果、日中の相互理解が大いに進み、お互いの親近感も増した。

一九八〇年四月に行われた日本の国宝「鑑真和上坐像」の中国への里帰り事業もその一つだ。鑑真は奈良時代に渡来した中国人僧侶である。六八八年に中国の揚州で生まれ、一四歳で出家。長い修行の末、中国でも有名な高僧になった。が、日本からの留学僧の求めで、多くの反対を押し切り渡日を決意。五回の渡海に失敗し、視力を失ったが、六回目に海を渡ることに成功し、来日した。七六三年に死去するまで東大寺や唐招提寺で過ごし、日本に仏教の戒律や中国の進んだ薬や技術を伝えた。日本にとっては大変な恩人である。鑑真の存在は日中が仲良くしていかなければならないことを強く思い起こさせ、日中の友好ムードを盛り上げた。

文化交流は裾野が広く、多岐にわたっており、すべてを紹介するわけにはいかない。ここでは特に注目された一九七三年と二〇〇四年の「大相撲中国公演」について触れておこう。

巨漢の力士が土俵の上で勝ち負けを競い合う大相撲は、歌舞伎や能といった古典芸能とともに、日本に古くから伝わるものである。神事を伴って神秘性があり、海外の人たちにとってはぜひ一度観てみたいものらしい。中国の人たちも例外ではなかった。日本との国交正常化で、中国の人たちも真っ先に日本の大相撲の観戦を希望した。そして、一九七三年四月、日中国交正常化を記念する新中国初の大相撲中国公演が北京と上海で開催された。公演は北京で四日間、上海で二日間行われ、連日、大入り満員。力士たちは土俵の上だけでなく、行く先々で中国の人たちから大歓迎を受けた。北京公演の初日には、日本への留学経験があり、政治家・文学者として活躍した郭沫若が、千秋楽には周恩来首相が姿を見せた。

そして、その三一年後の二〇〇四年六月、大相撲の中国公演が再び行われた。日中航空協定三〇周年を記念してのもので、北京と上海で開催され、このときも中国の人たちから大歓迎を受けている。大相撲を観戦した中国の人たちは日本をより身近な存在と感じてくれたに違いない。

文化交流には力がある。日中関係をこれ以上悪化させず、改善していくためには、日中両国の人たちの心をつなぐ文化交流が今後も欠かせない。

三、留学生の受け入れ

改革開放で本格化

留学生の派遣や受け入れも重要な〝草の根交流〟の一つといえる。海外で学ぶことは、留学先の人々との人間的交流を伴い、相手国や国民に対する理解を深めることになるからだ。戦前、日本に来た多くの中国人留学生の中には、帰国後、祖国・中国の重要なポストに就いた者も少なくなく、戦後の日中国交正常化の過程でも、大きな役割を果たした。周恩来（首相）、廖承志（党政治局員）、孫平化（中日友好協会会長）らのことである。

こうした日中間の留学生派遣や受け入れは日本の敗戦で停止し、日中が外交関係をもたなかったため、一部の例外を除き、大陸中国の学生が日本に留学することも、日本の学生が中国大陸に渡って学ぶこともできなかった。こうした状況が一九七二年の日中国交正常化で変わった。

中国から日本に留学生がやって来たのは翌七三年のこと。ただ、当初は毎年十人前後で、中国人留学生を正式に受け入れる大学はなかった。しかし、中国が改革開放政策に踏み切った七八年ごろから潮目が変わり、中国から日本への留学が本格化し始める。中国が海外に多数の学生を派遣し、改革開放政策のために役立つ人材を早急に育成しようとしたからで、中国政府は日本側に留学生の受け入れを打診してきた。

これに対し、日本側も、経済界を中心に、日中国交回復・日中平和友好条約締結に続く、日中新時代の象徴として、留学生の受け入れに積極的に対応。中国側の求めに応じて国費を割いて留学生を受け入れていった。こうした経緯もあって、当初の中国人留学生はほとんどが国費留学生だったが、八〇年代末ごろからは私費留学生が大量に増え始めた。

日本はちょうどそのころ、バブル景気の末期で、労働力不足が深刻だったこともあって、多くの中国人が留学生として来日し、アルバイトをして稼ぐという構図ができ上がった。学費が免除され、生活費を支給される国費留学生に比べ、私費で日本へ来た中国人留学生の多くは生活がとても苦しく、「働いてやっと生活ができる」といった状況でもあった。そこで、こうした格差を緩和するため、財団法人「日本国際教育協会」が受け皿となって寄付を募り、基金を整備し、私費留学生にもお金を支給できる学習奨励費制度がつくられた。

「お父さん」と慕われた日本人

個人的な交流を通して、中国人留学生たちを励まし、支援した日本人も少なくない。この中に、彼らから「日本のお父さん」と慕われた人物がいる。千葉県船橋市で青果店・八百春を営んでいる五十嵐勝。商売そっちのけで中国人留学生を物心両面から支え続け、中国共産党機関紙『人民日報』や雑誌『人民中国』に紹介された。これがきっかけで、五十嵐をモデルにした映画『北京的西瓜（ぺきんのすいか）』（大林宣彦監督、一九八九年作品）が制作され、大きな話題となった。

五十嵐と中国人留学生の出会いは一九八〇年ごろのこと。店の近くに中国人留学生のための寮があり、中国からの国費留学生が一五〇人ほど住んでいて、夜遅くまで勉強に励んでいた。彼らは店に来ると、五〇円の野菜なら三〇円、一〇〇円の野菜なら五〇円に、「まけろ」と値切る。嫌だなと思った五十嵐は五〇円の値札を八〇円に付け替えて、値切られると「五〇円にまけておこう」といって売ることにした。

数日後、留学生たちは「八百屋さんがこんなにまけてくれた！」と何の疑いもなく嬉しそうにしていた。そんな彼らの姿を見て、五十嵐は「ごまかしをしてはいけない」と反省。それ以後は本当に安く売るようにした。すると、口コミで店に買いに来る留学生がどんどん増え、彼らと親しくなり、五十嵐の中国人留学生への支援が始まった。

その後、中国から私費留学生が日本に続々と来るようになったが、五十嵐は条件のよくない彼らに対して、それまで以上に世話を焼いた。「国費留学生は日本語が上手だが、私費留学生は日本語ができない子も多いので、その分、頼る人が欲しい」と、五十嵐は考えたそうだ。

中国人留学生が日本での勉学を終えて帰国し、しばらくすると今度はその留学生の知り合いが「面白い八百屋がいるから行ってみなさい」と言われたといって、名刺一枚を持って訪ねてくることもしばしばだった。三人の留学生が一度に来て大騒ぎになることもあったという。

五十嵐は、多いときには、一カ月に四、五回、彼らを成田に迎えに行き、引っ越しも手伝った。保証人を引き受けたり、宿やアルバイトの斡旋もしたりした。あるときは、病気になった留学生を車で医者に連れて行き、診療費を肩代わりしたこともある。

五十嵐は彼らとの信頼関係を築くため、月に一度、家の二階に三〇人くらいの留学生を集めて餃子パーティーを開いたりもした。この五十嵐家の餃子パーティーに招かれた留学生はこれまでに四〇〇〇人を超えるという。

やがて、八百屋の経営は傾き、多額の借金で家計は苦しくなっていった。が、それでも五十嵐は留学生支援をやめなかった。一九八九年に中国の民主化運動を武力弾圧し流血の大惨事となった天安門事件が起き、日本や欧米諸国の対中経済制裁が始まっても、五十嵐はいつも通り中国人留学生を成田に迎えに行った。映画『北京的西瓜』が完成したのがこの年。中国のイメージ悪化によって、一一月に封切られた映画は日本ではヒットはしなかった。だが、香港、台湾、シンガポール、カナダ、米国などでは好評で、五十嵐は一躍有名人となった。

しかし、商売は相変わらずうまくいかず、二〇〇〇年には、とうとう家を差し押さえられた。そんなとき、朝日新聞に「中国留学生の宿消える」という記事が載った。その反響は大きく、

「五十嵐勝さんを助けよう」という機運が盛り上がっていった。全国から寄付が届けられたほか、中国人留学生たちもお金を出し合って「五十嵐勝を助ける会」を設立。日本国内はもとより、北京、上海、天津、南京などからもカンパが集まり、香港の映画スター、ジャッキー・チェンからも寄付が届けられた。五十嵐はこのお金で八百屋を再開。余った分は中国・東北地方の大学に寄付したそうだ。

五十嵐が支援をした国費留学生の中には、その後、出世し、中国共産党の幹部や大学教授などになった人物もいるという。

創価大の第一期中国人留学生

独立行政法人日本学生支援機構（ＪＡＳＳＯ）の「平成二五年度外国人留学生在籍状況調査結果」によると、二〇一三年五月一日現在の留学生総数は一三万五五一九人で、国・地域別では、中国人留学生が最も多く、八万一八八四人にも上っている。

しかし、中国が一九七八年末に改革開放政策を実施するまでは、日本に来る中国人留学生は極めて少なく、日本側のしっかりした受け入れ先もなかった。

一九七五年四月、創価大学は中華人民共和国から国費留学生六人を受け入れた。中国側からの要請によるものであり、池田大作会長自身がこの六人の「身元保証人」となった。

留学生たちが創価大学の学生寮「滝山寮」に入寮したその日、池田会長は自ら滝山寮を訪問

創価大学が受け入れた中国の国費留学生の１期生６人と池田会長
（創価学会提供）

した。創価大学一期生でもある田代康則創価大理事長は、その日のことを次のように述懐している。

私は、その時は大学院に進学していたのですが、大切な中国の留学生をお迎えするということで寮へ呼び戻されまして、留学生と一緒に生活しました。創立者（池田会長）は留学生の入寮する日に、突然寮に行こうということになったそうでして、滝山寮の広間に創立者が来られて、話をされました。

その時に創立者が中国の留学生を迎えるにあたっての思い、日中友好の思いを話されました。日中友好は私の遺言だということをその場で言われた記憶がございます。

当時、日本の中には中国を敵対視する傾向がありました。中国の留学生を紹介された後、中国の留学生を皆で守って、仲良くやってほしいということを言われるために、創立者は滝山寮へ来られたのです。(84)

創価大学キャンパス内の「文学の池」のほとりに、「周桜」と命名された桜の木があることは先に紹介した。この「周桜」も、最初の六人の中国人留学生と寮生活を共にした創価大生の手によって植樹されたものだった。六人は今、駐日本特命全権大使（程永華）などという要職にあり、まさに中日友好を担う人材に成長している。

四、「政冷経熱」の時代

ナショナリズムの高揚

日中関係は一九七二年の国交正常化後、七八年の日中平和友好条約の締結を経て、順調に発展していった。

しかし、八九年六月四日、学生らの民主化運動を武力弾圧して流血の大惨事となった第二次天安門事件が起こり、日中友好ムードは後退する。学生らに同情的だった中国共産党の趙紫陽総書記が失脚、愛国主義教育を重視する江沢民政権が登場したためだ。日本では二〇〇一年四月、中国に対して比較的強硬な小泉純一郎政権が誕生し、首相が毎年、靖国神社を参拝したこともあって、関係が一層冷え込んだ。一方、経済交流は、一時的な落ち込みがあったものの拡大を続けたため、メディアはそれを「政冷経熱」と表現した。

中国の江政権は当初、天安門事件による〝国際的孤立〟から脱却するため、対日友好政策を継続する。一九九二年一〇月には、日中国交正常化二〇周年の記念行事として、天皇陛下の訪中が実現した。

だが、国内では党の威信低下に歯止めがかからず、最高実力者だった鄧小平が九七年二月に死去すると、江政権はさらに積極的に愛国主義教育を推進し、ナショナリズムを煽ることで党の威信回復を試みた。

〝敵役〟がいると、ナショナリズムはいやが上にも盛り上がる。中国はそれを日本と日本人に求めた。日本はかつて、中国の東北部に傀儡《かいらい》国家である満州国を建国し、大陸各地に進出して多大な経済的損害を与え、多くの人々の命を奪ったからだ。このため、新中国になって制作された中国の戦争物映画には昔から、髭を生やして間抜けで横暴な日本の軍人がよく出てくる。こうしたこともあって、中国では日本人に対するイメージが元来よくはなかったのだが、それが一段と悪化した。

揺れ動く日中関係

一衣帯水の関係にあって、長い交流の歴史をもつ日中両国間にはさまざまな問題が存在している。歴史認識、尖閣諸島（中国名・釣魚島）、靖国神社参拝などで、これらの問題は過去も、そして今でも、何かのきっかけがあると浮上し、そのたびに日中関係を揺り動かす。

台湾要人の訪日問題もその一つだ。中国政府は一貫して台湾要人にビザを発給しないよう日本側に求めている。しかし、日本政府が二〇〇一年四月、病気治療を理由に人道的見地から総統を引退した李登輝《りとうき》に対してビザを発給すると、中国側は猛反発。同年五月末に予定されていた中国全国人民代表大会（全人代）常務委員長の李鵬（元首相）の訪日を延期し、日中関係に一時、暗雲が垂れ込めた。

また、歴史認識問題では、中国側が日本に「過去の過ち」を認めて謝罪するよう繰り返し要求している。日本の首相や閣僚らが、A級戦犯として刑死した東條英機元首相らが合祀されている靖国神社を参拝すると、中国側は「日本の侵略戦争を正当化するものだ」などと抗議。首脳や閣僚の相互訪問、軍事交流などがストップするといった事態が繰り返されている。

江政権の登場までは、問題が起きても、ある程度のところで収まり、大規模な反日デモや暴動にまで発展していくことはなかった。党・政府の締め付けが強く、デモをするのもそう容易ではなかったためでもある。それが変わってしまった。その主要な原因の一つが江政権の進めた愛国主義教育であったと言って過言ではない。

江政権の愛国主義教育

江沢民は一九八九年の第二次天安門事件の後、上海市党委員会書記から中央の党総書記（九三年から国家主席も兼務）に大抜擢され、最高指導者だった鄧小平の下で、事態の収拾に乗り出す。その策の一つが大学生の再教育で、新入生を軍隊に送り込み、愛国主義的な考えを徹底的に植え付けようとした。党の威信を回復して、天安門事件の再発を防ぐことが狙いだった。

党中央宣伝部は九四年八月二三日、江主席の指示の下、「愛国主義教育実施要綱」を制定した。これによって、大学生や高校生、小中学生はまだしも、幼稚園の園児にまで愛国主義教育を義務付けたのである。危険な民主化運動の芽は早いうちに摘んでおくべきだと考えたからだった。

要綱前文は「中華民族は愛国主義の栄光ある伝統に満ちた偉大な民族である」という文章で始まり、中国共産党指導の下で社会主義近代国家の建設を目指すことを謳う。次いで、条文で「学校教育においては、幼稚園から大学まで、愛国主義教育を徹底させなければならない」と規定。国旗の掲揚や国歌の斉唱を義務付け、「成人と小学校三年生以上の児童生徒は国歌を歌うことができなければならない」と定めている。

党中央宣伝部はまた、この要綱に基づき、日清戦争（中国呼称・中日甲午戦争）、抗日戦争、革命烈士の記念館や記念碑などを「愛国主義教育基地」に指定した。そして、各教育機関に対し、学生や生徒、児童、園児らを引率し、参観させるよう求めた。

中国人民抗日戦争記念館（北京）、南京大虐殺記念館、九一八歴史博物館（瀋陽）などの「愛国主義教育基地」では、若者や子どもが日本軍による人体実験の等身大模型や残虐行為の写真、おびただしい数の中国人犠牲者の遺骨などを次々に見せられ、それによって日本や日本人に対する憎しみを抱く若者たちが増えていった。

日本軍に残虐な行為もあったことは否定できない事実で、日本人としては深く反省しなければならない。しかし、憎しみは友好の対極にある。中国の儒教の祖、孔子は「躬《み》自ら厚くして、薄く人を責むれば、則《すなわ》ち怨みに遠ざかる」と語り、寛容の精神の大切さを説いている。日中国交正常化に踏み切った毛沢東や周恩来はそうした観点から日本との国交正常化交渉で未来を志向。日本の侵略戦争を「一部の軍国主義者が主導したものだ」と理論付け、戦争賠償請求についても「大多数の日本国民に罪はない」との前提に立って放棄を決めた。

しかし、愛国主義教育の強化に乗り出した中国では、以後、寛容の精神よりもむしろナショナリズムが鼓吹され、若者たちが反日行動に走る一因となっていく。

国力とナショナリズム

中国におけるナショナリズムの高揚については、愛国主義教育の強化とともに、中国の立ち位置の変化も指摘しないわけにはいかない。中国は戦前、列強の侵略を受けて半植民地状態に置かれ、人々は新中国成立後も社会主義体制の下で苦しい時代を過ごしてきた。それが鄧小平の主導した改革開放政策で経済が飛躍的に発展し、中国は名実共に世界の強国にのし上がっていった。

中国経済は鄧小平亡き後も拡大を続け、国内総生産（GDP）は二〇〇四年にイタリア、〇五年に英国、〇六年にフランス、〇七年にドイツ、そして一〇年には日本を抜き去り、中国は米国に次ぐ世界第二位の経済大国となっている。

また、これに伴い、中国は軍事力も急速につけてきており、中国海軍はすでに空母を所有。九州、沖縄、台湾、フィリピン、ボルネオ島を結ぶ〝第一列島線〟を突破し、西太平洋での活動を活発化している。このため、強くなった祖国を誇りに思う気持ちが一般の人たちに生まれ、ナショナリズムの高揚につながっている。

ナショナリズムは厄介な側面をもっている。国内において人々を団結させ、国家としての力を発揮させるのには都合がよいのだが、行き過ぎると偏狭なナショナリズムに陥り、やがて個人の権利を抑圧し、対外的な軋轢《あつれき》を生むことになる。

五、燃えさかる反日デモ

ある反日デモの発端

日系企業が中国に進出するに当たって、どうしても計算に入れておかなければならない危険性、いわゆる〝チャイナ・リスク〟の一つが、高揚するナショナリズムを背景とした反日感情だ。中国大陸で繰り返される反日デモは近年、激しくなるばかり。一般の抗議行動や不買運動（ボイコット）にとどまらず、日系のスーパーや工場が略奪・破壊され、日本人が襲われて負傷するといった事件も起きている。反日デモは必ずしも政治絡みというわけではなく、政治とは無関係の些細な出来事でも簡単に火を噴き、大規模なデモに発展して荒れ狂うことがある。

二〇〇三年一〇月の中国陝西省《せんせいしょう》西安市での大規模な反日デモは、何と、西北大学の日本人留学生三人が行った寸劇がきっかけだった。

三人は同月下旬、中国人の友人から二九日に予定されていた同大外国語学部の文化祭への出演を依頼された。主催者側は各国・地域の留学生たちがそれぞれの国や地域の文化を反映するような真面目なパフォーマンスを期待していたようで、他の国や地域の留学生たちは当日、格調の高い伝統舞踊やシェークスピアの英語劇などを披露したという。だが、軽い気持ちで引き受けた三人はほとんど何も準備をせず、若い日本人教師一人とともに舞台に立った。

会場となった西北大学の講堂に集まった観客は約五〇〇人。四人は、日本のテレビのバラエティ番組にでも出演するような軽い気持ちで笑いをとりにいった。日本人教師がまず、舞台に登場し、大きなマネキンを抱いてダンス。その後、留学生三人が「宇宙人」という想定の卑猥な姿で踊り出した。

観客は当初、三人の異様なパフォーマンスにあっけにとられていたが、会場から「中国人をバカにしている」などの声が上がり、主催者側があわてて踊りをストップさせたという。もちろん、三人の日本人学生に中国人を侮辱する気持ちなどさらさらなかった。だが、事件はここで終わらなかった。

一〇月三〇日の朝、大学のあちこちに「日本人が中国人を侮辱した」などという壁新聞が貼り出され、中国人学生らが日本人留学生の宿舎前に続々と集結。紙に描いた「日の丸」や「日本のブタ」と書かれた人形を焼いたりして気勢を上げていたが、夕刻、一部が暴徒化して宿舎内になだれ込み、たまたま居合わせた日本人女子学生に暴力を振るい、怪我をさせるという事態も起きたという。

インターネットの時代である。この大学内の騒ぎは瞬く間に多くの市民の知るところとなり、「日本人留学生が、卑猥な踊りをしながら、『（これが）中国人の姿だ』と言った」などのデマも加わって、情報が独り歩きしていく。騒ぎは大学を出て、市内で数千人規模の反日デモにまで発展した。デモ隊は「日本製品をボイコットしよう」などと叫んで行進し、その一部が暴徒化して日本料理店などに投石したという。ちなみに、この事件で、日本人教師は解雇され、三人の日本人留学生は退学処分となって帰国させられた。中国の反日問題の怖さでもある。

スポーツや国連舞台の活動でも

反日デモはスポーツの試合でも起きる。二〇〇四年夏のサッカー・アジアカップでは、重慶市で行われた予選段階から中国人サポーターらに反日的な行動が見られ、日本の国歌演奏や日本人選手のプレーなどに対してブーイングが浴びせられた。それだけではない。会場の日本人サポーターにペットボトルが投げつけられるといった事態も発生し、観客席に「アジア人に謝罪しろ」「釣魚島（尖閣諸島）を返せ」などといった極めて政治色の強い横断幕が掲げられたという。スポーツと政治は本来、切り離されてしかるべきものであるが、残念ながらこうした考えは通用しなかった。

決勝戦は八月七日に北京の工人体育場で行われ、日本と中国が激突した。会場は試合前から異様な雰囲気に包まれ、中国人サポーターらが「この試合は単なるスポーツの試合ではない」「小日本（日本に対する蔑称）をたたきのめせ」などと絶叫。多数の警察官が動員されて、試合は厳戒態勢の中で実施された。結果は日本チームが勝って優勝。中国チームが敗れたことで、試合後も数千人が工人体育場周辺にとどまって騒ぎ出し、日本国旗が燃やされたり、日本の公使の車のガラスが割られたり、日本人選手やサポーターの乗ったバスが投石されたりして、騒ぎは未明まで続いた。

また、〇五年に中国全土で吹き荒れたすさまじい反日の嵐は日本政府が国連安全保障理事会の常任理事国入りを目指して動いたということがきっかけだった。国連安保理常任理事国入りは日本外交の大きな目標の一つである。日本が巨額の国連分担金にふさわしいポストを求めるのは当然のことで、日本政府は以前から努力を続けてきた。舞台は国連。中国が目くじらを立てて怒るような問題ではないはずなのだが、この常識も中国では通用しないようだ。

中国では、日本政府のこの動きに対して、インターネットを通じて反対運動が始まり、四月二日に四川省成都にある日系スーパー「イトーヨーカドー」が突然、暴徒に襲われ、店舗の一部が破壊された。これが九日には北京に飛び火し、多数の中国人が反日的スローガンを叫びながら日本大使館や大使公邸前に集まり、投石などを繰り返した。

中国政府が反日デモを規制する動きに出たため、北京の騒ぎは一日で終わった。だが、一〇日には南の広州と深圳に飛び火し、数千人から一万人規模のデモとなった。さらに、一六日には上海で数万人の群衆が日本総領事館を包囲し、反日的なスローガンを叫んで石、ペンキ、ペットボトル、卵などを建物に向かって投げつけた。また、一部が暴徒化し、市内の日本料理店などを襲撃。日本製の自動車が破壊されたほか、暴力を振るわれて怪我をした日本人もいた。

尖閣をめぐる反日デモ

このように、中国では些細な理由であっても反日感情にすぐに火がつき、デモは短期間に全国に広がっていく。その理由がいやが上にもナショナリズムを煽る尖閣諸島問題となればなおさらだ。

二〇一〇年九月七日、尖閣諸島付近で違法操業中の中国漁船が日本の海上保安庁の巡視艇に体当たりしてくるという事件が発生し、日本側は中国人の船長を逮捕した。その模様はビデオカメラで撮影され、テレビで日本全国に流された。中国漁船の行為は危険極まりないもので、政府は船長を日本の法律に基づいて処罰する方針を決定。沖縄の那覇地方検察庁は船長の身柄を拘束して取り調べを始めた。

しかし、中国側はこれに納得せず、日本との閣僚レベル以上の交流を停止し、レアアースの対日輸出を事実上ストップするなどの報復措置に出た。また、これに呼応するかのように、中国各地で、船長の身柄の引き渡しを求める反日デモが起き、北京の日本大使館や日本人学校、広州の日本総領事館などへの投石や嫌がらせが続いた。

事態が悪化する中、日本政府は二四日、那覇地方検察庁の判断だとして、船長を「処分保留」で国外退去処分とすることを決めた。そして、船長は二五日未明、中国のチャーター機で中国に戻り、反日デモも収まった。

だが、これで火種がなくなったわけではない。一二年九月一〇日、日本政府が尖閣諸島の魚釣島、北小島、南小島の三島の国有化を決め、翌一一日に民間の地権者から二〇億五〇〇〇万円で購入すると、中国の一〇〇都市以上で大規模な反日デモが巻き起こり、一説では中国全土で数十万人がデモに参加した。このときの反日デモでは、江蘇省蘇州の日系スーパー「蘇州泉屋百貨」、四川省成都の日系コンビニ「セブン-イレブン」の三店舗、湖南省長沙の日系スーパー「平和堂」の二店舗、山東省青島の日系スーパー「ジャスコ黄島店」、パナソニックとミツミ電機の工場、トヨタと日産自動車の販売店などが暴徒に襲われ、略奪・破壊され、工場は放火された。また、日本人が襲われて負傷するといった事件が何件か起きている。このときの反日デモでは各地で日本メーカーの自動車が多数破壊された。

この中で、九月一五日に西安市で起きた事件は悲惨だ。トヨタ・カローラに乗っていた中国人男性が暴徒の一人に後頭部を鉄製のバイク用具で殴られ、障害の残る大怪我を負わされたのである。犯人は二一歳の男で、「愛国無罪」「造反有理」などと叫んで男性に何度も暴力を振るったという。

男は河南省の農村部の出身で、小学校を五年で中退。西安に来て塗装工として働いており、中国メディアによると、「抗日ドラマが大好きだった」という。(85)

反日デモの構造

こうした事件からも分かるように、中国の「反日」は極めて複雑な構造をしている。反日デモの背景には、中国の発展によって生まれたナショナリズムの高揚があり、ベースには戦前、中国が日本に侵略され、中国人が軽んじられたという怨みがある。そして、江沢民政権時代にいっきに強化された〝反日教育〟によって中国の若い世代に日本に対する嫌悪感が広がり、反日デモにすぐに火がつく構造が生まれた。現在はインターネットの普及もあって、デモはあっという間に中国全土に広がっていく。

さらに、反日デモには、豊かさから取り残されている多くの人たちの苛立ち、貧富の差の拡大、指導者や幹部の腐敗、治安の悪化、環境の破壊などからくる当局への不満も見え隠れする。中国は共産党による〝一党独裁〟の社会主義国であり、党と政府を直接批判することはタブー。中国のメディアが党の指導者や政府の幹部の腐敗を叩くことがあるが、共産党政権を根本から揺るがすような追及は許されない。この結果、党と政府に対する不満は矛先を変えて反日デモの中で爆発する。事実、反日デモに参加して暴徒と化し、日系スーパーなどを略奪・破壊する者の中には、職を得られない若者たちが少なくないという。

六、尖閣諸島をめぐる危機

垂れ込める暗雲

ここで、日本と中国との間で暗雲のように垂れ込めている尖閣諸島（中国名・釣魚島）問題について、見てみよう。両国は今、尖閣諸島をめぐって激しく対立し、軍事衝突さえ起きかねない状況となっている。

領土は人民、主権とともに国家を構成する三要素の一つであり、容易な妥協は許されない。歴史を振り返れば、領土をめぐって戦争になった例は枚挙に暇がない。最近も、ウクライナ人とロシア人の民族対立からウクライナが内戦状態となり、ロシア軍がクリミア半島に侵攻。クリミアはウクライナから分離独立してロシアに編入され、ウクライナ東部や南部のロシア人の多い州でも分離独立の動きが出て、事態は悪化を続けている。

領土が絡むと問題の解決が極端に難しくなる。だが、今や力による領土の拡張を許さない時代となり、国際社会がそのようなことを認めない。日中間の尖閣諸島問題については、両国の先人たちが知恵を出し合い、一九七二年の日中国交正常化と七八年の日中平和友好条約締結の際も、「現状を維持して触れない」という〝棚上げ〟方式で乗り切った。

尖閣諸島の（手前から）南小島、北小島、魚釣島（朝日新聞社／時事通信フォト）

しかし、近年はこの成果を台無しにするような危険な動きが出てきている。

尖閣諸島問題とは

尖閣諸島をめぐる危険な状況を報告する前に、同諸島について簡単に説明しておこう。尖閣諸島は沖縄県に属する東シナ海に浮かぶ島嶼《とうしょ》群で、魚釣島、久場島、大正島、北小島、南小島の五つの島と、沖の北岩、沖の南岩、飛瀬などの岩礁から成っており、最大の魚釣島でも面積は三・八二平方キロメートル。戦前は鰹節や羽毛の生産工場があったりして人も住んでいたのだが、水が乏しくて農業に適さず、現在は無人島である。久場と大正の両島は米国統治下時代から返還後の一九七八年まで米軍の射爆場としても使われていた。このため、中国も当初はあまり尖閣諸島に関心をもたず、中国政府が五〇年当時、尖閣諸島を琉球、すなわち沖縄の一部と認識していたことを示す中国の外交文書もある。

時事通信社北京支局が二〇一二年一二月二七日にその原文のコピーを入手して報じた。それによると、外交文書（一九五〇年五月一五日付）は「対日和約（対日講和条約）における領土部分の問題と主張に関する要綱草案」と題され、中国外務省の外交史料館に保管されていた。

注目すべきは同草案の「琉球の返還問題」の項目で、中国側は尖閣諸島について中国側の「釣魚島」という名前を使わず、戦前、日本側が使っていた「尖頭諸嶼」という名称を使用。「琉球は北中南の三つに分かれ、中部は沖縄諸島、南部は宮古諸島と八重山諸島（尖頭諸嶼）」と説明し、尖閣諸島を琉球の一部として論じている。また、同草案は「琉球の境界画定問題」の項目でも「尖閣諸島を台湾に組み込むべきかどうか検討の必要がある」と書いている。

中国側は米軍が久場、大正両島を射爆場として使っていても文句一つ言ってこなかった。尖閣諸島を沖縄の一部と認識していたからだが、しかし、これが一変する。国連が尖閣諸島周辺に大量の石油資源が眠っているとの調査報告を出したためで、七一年には台湾と中国が相次いで領有権を主張し、相前後して台湾人が魚釣島に上陸して「青天白日旗」を掲揚したり、米国で尖閣諸島の領有を主張する留学生たちのデモが起きたりした。だが、これによって日中関係が大きく損なわれることはなかった。

日中両国が国交正常化を目指していた時期であり、尖閣諸島問題でも、お互いが抑制的に行動していたからにほかならない。が、中国が改革開放政策によって長期にわたる高度経済成長を実現し、軍事的にも強大化すると、国内でナショナリズムが高揚。日本でも中国に対しては厳しい態度で臨む小泉純一郎政権が登場し、日中関係、特に、政治面での関係が悪化するにつれて、尖閣諸島周辺海域での緊張が急速に高まっていった。

東シナ海では、尖閣諸島問題とともに、厄介な日中の境界線問題も存在している。日本側はお互いの領土からの「中間線」を境界としているが、中国側は大陸棚が続いている沖縄トラフまでが自国の海だと主張して譲らない。この境界線問題については、いずれの考え方も国際的に認められており、お互いが話し合って解決すべきものだとされている。が、解決の目途は全く立っていない。

一触即発の危機

尖閣諸島周辺海域では、軍事衝突に発展しかねない危険な事件が相次いでいる。二〇一〇年九月七日に起きた海上保安庁の巡視艇に対する中国漁船の体当たり事件は、映像が公開されたためよく知られているが、同海域では実際にそれ以上に危険な事態も起きている。

二〇一三年一月三〇日午前一〇時ごろ、日本の護衛艦「ゆうだち」が中国艦艇から火器管制レーダーの照射を受けた事件だ。火器管制レーダーはミサイルや砲弾などを発射する直前に攻撃目標に対して照射し、位置や速度を正確に把握するもので、目標が捕捉された場合、命中精度が格段に上がる。このため、火器管制レーダーの照射は「攻撃」とみなされ、反撃しても構わないとの考え方もあるほどだ。

このとき、護衛艦「ゆうだち」に火器管制レーダーを照射してきたのは中国人民解放軍海軍北海艦隊のフリゲート艦「連雲港」で、ミサイル駆逐艦「青島」などとともに、二九日に三隻で青島を出港し、宮古海峡に向かっていた。ただ、中国側は火器管制レーダーの使用を公式に認めてはいない。だが、同年一月一九日夕にも東シナ海で、日本の護衛艦「おおなみ」から飛び立ったヘリコプターが中国艦艇から同種のレーダーの照射を受けたとみられる事案があったとされている。

さらに、一四年五月二四日に東シナ海で中国機が日本の自衛隊機に異常接近するという事件も発生した。中国機はこのとき、自衛隊機に対して「三〇メートルから五〇メートルまで接近」したという。危険極まりない行為で、日本政府は外交ルートを通じて中国側に抗議した。が、中国側は「自衛隊機が演習空域に無断で押し入り、危険な行為を行った」などと回答し、日本側に非があるとの議論を展開したという。

このほか、中国の国土資源省国家海洋局所属の「海監」や農業省漁業局所属の「漁政」といった公船が尖閣諸島周辺を航行。一三年一一月二三日には、中国は尖閣諸島をあたかも「中国の領土」であるかのような形で含む「東シナ海防空識別圏」を一方的に設定した。これに対し、日本と米国は認めていない。

周辺諸国への高圧姿勢

こうした中国の高圧的ともとれる姿勢は、東シナ海だけではなく、南シナ海でも見てとれる。南シナ海には多くの島々が点在しているが、西沙諸島（パラセル諸島）については、中国が実効支配し、台湾とベトナムも領有権を主張。南沙諸島（スプラトリー諸島）については、中国と台湾が同諸島全体の領有を主張しているのに対し、ベトナム、マレーシア、フィリピン、ブルネイも同諸島の一部分の領有を主張し、ブルネイを除く五カ国・地域が島や環礁などを実効支配している。このため、島嶼の領有権をめぐって争いが絶えず、軍事衝突も起きている。

南シナ海でも、東シナ海同様、大量の石油資源が眠っているとの報告があり、各国は一歩も引かない構えだ。こうした中で、中国は二〇一四年五月から七月にかけて、ベトナムが自国の排他的経済水域（EEZ）だと主張する西沙諸島海域で、一方的に石油の試掘作業を始めた。

これにはベトナムが猛反発。国内では大規模な反中デモも起きたが、中国も譲らず、自らが設置した巨大なオイルリグ（石油掘削装置）近くの海上に多数の船舶を集合させ、集まってきたベトナムの巡視艇や漁船と対峙した。その際、ベトナムの漁船が中国の漁船に故意にぶつけられて沈没するという事件も起きている。

中国は自らの軍事力に自信を深め、東シナ海と南シナ海において力で現状を変えようとしているようにも見える。日本の『防衛白書』（平成二六年版）によると、中国の国防費は増え続けており、二〇一四年度の国防予算は前年度当初予算比で一二・二％増の八〇八二億元（約一二兆九三〇〇億円）に達したという。

この中で、中国は近年、海軍力の増強に特に力を入れており、同国海軍はすでに九州、沖縄、台湾、フィリピンを結ぶ〝第一列島線〟を事実上、突破した。日本の敗戦後、米国海軍が牛耳ってきた西太平洋に頻繁に出入りし、超大国・米国に揺さぶりをかけ始めている。

中国海軍の艦艇数は約九五〇隻（『防衛白書』によると約八九〇隻）で、世界第一位。一二年には空母「遼寧」（旧ソ連の空母「ヴァリャーグ」を改装）を実戦配備し、現在は、国産空母を建造中で、将来的には四隻の空母を保有するとの情報もある。

また、中国は東シナ海や南シナ海の島々に大量の戦力をいっきに送り込めるようにするため、〇七年以来、戦闘車両やヘリ、兵員を運ぶ強襲揚陸艦を次々に建造している。

東シナ海や南シナ海の島嶼確保のための軍事力増強とみられ、当然のことながら、尖閣諸島と周辺海域での軍事的な衝突も想定している。これに対し、日本の安倍晋三政権も、米軍との連携強化、集団的自衛権の行使容認、島嶼防衛のため軍事力の増強を進めている。

自らの手で自らの国を守る気概のない国は存続できない。しかし、その目的は、砲弾を交えることではなく、戦いを避け、平和を維持するためのものでなければならない。戦争はお互いに不幸を招くだけで、繁栄をもたらすことはない。日中の国交回復と平和友好条約締結に力を注いだ両国の先人たちはそのことをよく理解していた。

ここで、中国の改革開放政策を主導して経済を発展させ、日中平和友好条約の締結でも大きな役割を果たした鄧小平について触れておこう。

鄧小平の知恵

一九七二年に日中両国が国交を正常化したとき、鄧小平は失脚中の身で、江西省南昌市の工場などで働く厳しい生活を送っていた。ただ、彼は周恩来首相のフランス留学仲間であり、周首相の推挙もあって、七三年に副首相として復活する。文化大革命中に非業の死を遂げた劉少奇国家主席と違って、鄧が復活できたのには理由がある。

話は新中国建国前までさかのぼる。中国共産党は都市部での革命に失敗し、毛沢東は三一年に山岳地域にある江西省瑞金《ずいきん》を首都として中華ソビエト共和国臨時政府を樹立する。しかし、党内のソ連（現ロシア）留学組指導者らが毛沢東の農村部でのゲリラ路線を批判し、彼を支持していた鄧はそのあおりを受けて失脚させられてしまった。鄧の最初の失脚である。しかし、毛が三五年一月、貴州省で開かれた遵義《じゅんぎ》会議で党の指導権を取り戻すと、鄧も名誉を回復して復活した。

こうした経緯もあって、毛主席は七二年当時も、鄧を失脚させながら、党籍は剝奪しなかった。換言すれば、毛主席は鄧に復活の余地を残していたのである。また、毛主席は常日ごろ、鄧の実務能力を高く評価していた。周首相はそうした毛の心理や考えを読んで、鄧を副首相に引き立てたのである。

鄧小平は七三年に復活すると、直ちに中国経済の立て直しにまい進する。しかし、後ろ盾となっていた周首相は七六年一月八日に死去してしまう。すると、中国で「墓参りの日」とされる清明節の四月五日、北京市民らが周首相の死を悼んで天安門広場に次々に集まり、人民英雄記念碑に多数の花輪を捧げた。同記念碑には毛主席の筆による「人民英雄永垂不朽」（人民の英雄は永遠に不滅だ）の八文字が刻まれているが、その裏には周首相の揮毫がある。一八四〇年のアヘン戦争以来の民族独立の戦い、一九一九年の五・四運動や抗日戦争、そして国共内戦などの犠牲者を「人民の英雄」としてたたえたもので、北京市民は同記念碑に花輪を捧げることで周首相の死を悼もうとしたのである。

ところが、当局はそれを撤去した。毛夫人の江青ら「四人組」は周首相を文革の抵抗勢力とみていたからだが、市民がこれに激怒して警察官らと激突する騒ぎになった。学生らの民主化運動を武力弾圧した八九年六月四日の天安門事件と区別するために、これは第一次天安門事件と呼ばれる。

「四人組」はこの事件について、毛主席に「反革命事件」であると報告したという。死期が迫り、判断力が鈍っていた彼はそれを信じ、鄧副首相は事件の責任をとらされて再び失脚した。

だが、七六年九月九日に毛が死去し、一〇月六日に「四人組」が逮捕されると、鄧は名誉を回復し、七七年七月に国務院常務副首相、党副主席、中央軍事委員会副主席、人民解放軍総参謀長の肩書で復活した。そして、毛の後継者として党主席兼首相の座にあった華国鋒を徐々に追い詰めて権力を掌握。文革を終結させ、中国の経済発展への道を切り開いたのである。

鄧小平というと、「白猫黒猫論」すなわち、「黒猫でも白猫でもネズミを捕る猫はいい猫だ」という言葉がすぐに浮かんでくる。ちなみにこの言葉は四川省の古いことわざで、本来「黒猫」と「白猫」ではなく、「黒猫」と「黄猫」が正しい。鄧も演説の中では「黒い猫でも黄色い猫でもネズミを捕る猫はいい猫だ」と言っている。ともあれ、この言葉からは彼がいかに合理的な人物であるかが分かる。外交においても、彼は周首相の方針を受け継ぎ、中国の近代化のために日本との交流拡大を目指した。七八年一〇月、日中平和友好条約の批准書交換のため来日し、昭和天皇とも懇談している。

鄧副首相は日本滞在中の一〇月二五日、日本記者クラブ主催の記者会見に臨み、尖閣諸島問題について次のように語っている。日中双方にとって極めて重要な発言であり、日本記者クラブが公表している会見記録から、その部分をそのまま引用させてもらう。

小島章伸（**日本記者クラブ副理事長、日本経済新聞編集局長**〈**当時**〉）　尖閣列島の問題です。尖閣列島の帰属について我々は、日本固有の領土である、信じて疑わない、という立場にあるわけですが、トラブルが中国との間に生じて大変遺憾に思っているわけです。この点、副総理はどう考え、この問題についてどうお考えになるか。

鄧小平副首相　尖閣列島は、我々は釣魚諸島と言います。だから名前も呼び方も違っております。だから、確かにこの点については、双方に食い違った見方があります。中日国交正常化の際も、双方はこの問題に触れないということを約束しました。今回、中日平和友好条約を交渉した際もやはり同じく、この問題に触れないということで一致しました。中国人の知恵からして、こういう方法しか考え出せません。

というのは、その問題に触れますと、それははっきり言えなくなってしまいます。そこで、確かに一部のものはこういう問題を借りて、中日両国の関係に水を差したがっております。ですから、両国政府が交渉する際、この問題を避けるということが良いと思います。こういう問題は、一時棚上げにしてもかまわないと思います。一〇年棚上げにしてもかまいません。

我々の、この世代の人間は知恵が足りません。この問題は話がまとまりません。次の世代は、きっと我々よりは賢くなるでしょう。そのときは必ずや、お互いに皆が受け入れられる良い方法を見つけることができるでしょう。

鄧副首相が、大局的な立場に立ち、日中関係の大切さをしっかりと認識していたからこそ、出てきた発言といえる。尖閣諸島問題については、中国にも言い分があり、それを示す古文書も多数見つかっている。国家も、そして人間も、一方だけが得をするという関係は成立しない。彼はそのことも分かっていたのだろう。

日中関係は今、尖閣諸島問題をめぐって極めて危機的な状況にある。日中双方の指導者はもう一度、鄧小平のこの言葉をかみしめてみるべきだ。

歴史の空白を埋めるために――原田稔 創価学会会長の証言③

日中国交正常化後の友好交流事業

中国との国交正常化後、政府や経済界のみならず民間レベルでさまざまな交流が花開いた。その中でも、創価学会・公明党は日中交流事業の中核を担い、青年交流や文化交流などの面で極めて大きな成果を上げてきた。ここでは、草創期から交流事業に関わってきた創価学会の原田稔会長に、中国との交流の経緯を振り返ってもらうとともに今後への期待を語ってもらった。インタビュアーは田﨑史郎時事通信社解説委員、信太謙三元東洋大学教授。

六人の国費留学生

田﨑　日中国交正常化ができたことによって、日本では中国ブームが起こり、あらゆる分野で日中の友好事業がいっきに進んでいくような時代を迎えました。創価学会としてはどのような交流に乗り出されたのですか。

原田　最初は教育交流から始まりました。新中国から初めての国費留学生を創価大学に正式に受け入れたのです。中国は当時、「四つの現代化」路線に舵取りをしたことと密接に関係し

原田稔会長にインタビューする田﨑史郎時事通信社解説委員と信太謙三元東洋大学教授

ていると思うのですが、留学生を海外に送ってどんどん知識を求め、語学についてもブラッシュアップを図ろうとしていました。そういう考えの下に、日本にも留学生を国の費用で送りたいという希望をもって、国立大学や有名私立大学に声をかけていたようなのです。ところが、なかなかいい返事がこなかった。国交が正常化されたとはいえ、まだ中国では「文革・四人組」のいろいろな動きが収まっていない。そういうときでしたから、各大学は本当に受け入れていいのかどうか確信がもてなかったのではないでしょうか。

　そうした中、中国側が「池田大作会長の創立した大学なら、受け入れてくれるのではないだろうか」ということで、思い切って創価大学への留学話をもってきてくれた。それが一九七四年の一二月二九日か二〇日。このときに来たのが金《きん》蘇《そ》城《じょう》さんという、中日友好協会の常務理事を務めた方で、創価学会が最初に中国を訪問したときに私たちを歓迎してくれた人です。その方が一二月に、中国大使館の外交官として赴任してきた。初仕事が池田会長に留学生の受け入れをお願いすることで、日程調整して大晦日に会うこととなった。話を聞くなり、会長は「私が身元引受人になりましょう」ということで、受け入れが決まりました。

明くる年の四月、留学生のメンバー六人が創価大学に入学しました。「日本人寮生の部屋にそれぞれ分散して入れてほしい」という中国側の希望で、二人の女子学生は女子寮、男子四人は二人ずつ分かれて男子寮に入って、二年近く勉強しました。

男子学生の滝山寮入寮式のときに、池田会長が突然出席して、かくかくしかじかで中国から四人の友達が来たから、みんなしっかり面倒見てくれ、と話をした。そこから留学生に対する日本語の特訓が始まったのです。留学生はいずれも、今日に至るも「二年間の創価大学での学生生活のことは今もって忘れません」と言ってくれます。

当時、中国はまだ混乱しており、「四人組」が跋扈《ばっこ》している時期でもありました。そういう時期でしたので、彼らは正式に中国の大学を卒業したという実績がないわけです。日本の大学に留学して勉強した。そこで創価大学では、学ぶ環境を整え、彼らを受け入れました。さらに、今から一〇年ほど前、六人全員をこちらに呼んで、正式に論文を提出させ、正規の手続きで卒業させて学士号も与えたのですよ。

創価大学構内で池田会長と懇談する中国人国費留学生たち（創価学会提供）

青年たちの交流

田崎　国費留学生の受け入れ以外にも、いろいろな交流があったのですか。

原田　いろんなメンバーが順次来ていました。国交正常化以後の大きな交流事業としては、青年交流ですね。一九八五年、胡錦濤（前国家主席）さんが中華全国青年連合会（全青連）の主席を務めていたときに、日本に一〇〇人の青年を引き連れてやって来たのです。その折に、全青連と創価学会青年部との間で交流協定を結びました。相互に青年を派遣し、相互交流する。全青連の日本語スタッフを創価大学に留学させることなどを取り決めた一〇年間の交流協定を結びました。それが更新を続けて、三〇年間にわたる青年交流が続いています。

胡錦濤さんが一〇〇人の青年を引き連れてきた

ときに、地方指導のため九州にいた池田会長が予定を変更して帰京し、大歓迎した。そのことに胡さんはいたく感動して、その後、国家副主席になって日本に来たときも、国家主席になって日本に来たときも、池田会長と会うなり「いやあ、あのときはもう本当に池田先生が予定を変更して私たちを大歓迎してくださって、ありがとうございました」と言ってきましたね。中国は信義に厚い国といいますが、指導者の方々もそういう信義については決して忘れない。重要なところできちんと対応してくるなあと思いましたね。

その青年交流の中で、全青連のスタッフ、特に日本語スタッフが一年間ずつ創価大学に留学して日本語をブラッシュアップしています。その一人で張梅《ちょうばい》さんという女性が温家宝《おんかほう》さん、胡錦濤さん、習近平さんの日本語通訳でした。この留学生を池田会長はよく知っていましたから、胡錦濤さんや温家宝さんにお会いしたときも、「いやあ、張梅さん、しばらくだね」と、胡錦濤さんや温家宝さんにあいさつするよりも先に話しかけた。それで座がなごんで、会談がスムーズに進んだこともあります。

田﨑　原田会長ご自身が手がけられた事業は何かございますか。

原田　第一次訪中のときに池田会長から、「今後の日中友好については青年に託すから」と言われました。そのときの訪中団に加わった青年部の幹部の一人ですので、会長のおっしゃる青年の交流についてはいろんな形で実現していこうということで、努力をしましたね。

胡錦濤さんが日本を訪問する前年の八四年には、胡耀邦総書記と中曽根総理との間で日中国交回復記念として三〇〇〇人の日本青年が中国を訪れました。私はそのときすでに青年部を卒業していましたが、創価学会青年部を率いて中国の人たちと交流しました。

その三〇〇〇人の交流を、陰で一切取り仕切って成功させた最高責任者が胡錦濤さんだったのです。そのごほうびといってはおかしいのですが、翌年、日本が招待した折に胡錦濤さんが団長で日本に来られた。次代の青年リーダーになるべき青年指導者が来るということで、池田会長が地方日程を急きょ変更して歓迎した。だから非常に感動しているわけですね。

交流という点でさらに話をすれば、やはり池田会長が創立した東京富士美術館が、中国国家文物局などの協力の下で「中国敦煌展」や「大三国志展」など大型企画展を展開しています。また、民主音楽協会（民音）による文化交流にも力を入れてきました。七五年から始まった北京芸術院の日本公演など、中国の催し物は非常に成功しています。民音の会員に非常に人気がありまして、他の国々と比べてもこれまで一番多く招へいしているのではないでしょうか。これまでに四六ユニット、公演回数で約二〇〇〇回。これらを通して、三〇〇〇万人近くの方々に中国の文化に対する目を開かせることができました。

ふたたび扉を開くために

田﨑　そうやって培ってきた日中関係が、残念なことに非常に険悪になっているわけですね。これは日中双方に問題があって、原因は日本だけでも、あるいは中国だけでもないと思います。

会長は、このようになってしまった原因をどのようにご覧になっていますか。

原田　いろいろなことが輻輳《ふくそう》して複雑に絡み合って、今の状況に至っていると思います。具体的には尖閣の問題もあるでしょうし、靖国神社参拝問題も当然関わってくるでしょう。

田﨑　そういう状況をどのように乗り越えていったらよいとお考えですか。

原田　重要な鍵は、私は両国間の民間交流だと思うのです。文化交流、青年交流、そういう地道な民間交流を一つ一つ積み重ねていくことが、今のこの難しい状況を切り開く一つの鍵になる。困難な現状を打開し、乗り越えていくには、焦眉の問題についてはあえて触れないでおいて、ともかく民間レベルで努力すべきことを一つ一つやっていくことが大切だと思うのです。文化交流とか青年の交流とか経済のさらなる協力とか、そういうものを積み重ねていくことが何よりも重要でしょう。これをやれば一挙に状況を転回できるというようなことは、現実にはなかなか難しいと思います。

そういう積み重ねの一つとして、来年（二〇一五年）には民音が中国の上海歌舞団を招へいして、「朱鷺」という公演をやります。まさに佐渡のトキがテーマです。日本では、絶滅したトキを中国からいただいて自然繁殖させようとしていますが、そのことをベースにして、青年がトキとの愛情を確かめる中で再生に取り組む姿を描く舞踊劇です。これは中国側がかなり力を入れており、日本もそれを受け入れて、この（二〇一四年）一〇月に東京と佐渡、山梨でプレ公演が行われます。そして明年、本格的に全国巡回公演をします。かつて「ピンポン外交」が新時代を切り拓いたように、今回、「トキ外交」が時代を切り拓く一助になればなと、ひそかに思っています。

田崎　国際情勢の変化、あるいは中国の台頭というようなことがあって、もはや以前の日中友好ムードには戻らないようにも思います。日本の中国に対する警戒感も、かつてなく強くなっています。そういう中で、政治家にはもっと努力してほしいのですが、先ほどの文化交流ももちろんですが、ほかに今やってほしいこと、やらなければならないことがあるとすれば何でしょう。

原田　今のお話にあった、いろんな意味で政治家自身が努力していくことが重要な要素だと思いますが、それをおいて考えれば、特に青年の交流ということですね。中国は、若い世代の日本に対する感覚はその前の時代と少し変わってきています。そういう状況の中で、おっしゃるように日本でも嫌中だとか中国に反感をもつ若者たちが増えている。そうしたことを地道に乗り越えていくには、人と人とのつながり、これを粘り強く丁寧に積み上げていくしかないと思いますね。

信太　昔は政治家のレベルで日中間の太いパイプがあったわけですが、それが今どんどん細くなってしまっている。そうした中で、先ほど民衆レベルの交流の大切さをおっしゃっていましたが、創価学会の中では新しいパイプづくりも進んでいるのでしょうか。

原田　一九七四年の第一次中国訪問の折に、私たちは李先念国家副主席とお会いいたしました。そのときに通訳を務めてくれたのが後に外交部長（外相）になられた唐家璇《とうかせん》さん。その唐家璇さんが中日友好協会会長に就任する直前、池田名誉会長の長男である池田博正副理事長が中国を訪問した。その折に、李先念元国家副主席の四女で、いま中国人民対外友好協会会長を務めている李小林《りしょうりん》さんが出てこられたのです。ですから、片や池田名誉会長の息子、片や李先念さんの令嬢、こういう組み合わせがたまたまでき上がりまして、私は時のしからしむるところかなあと思っています。

私自身は、最近は国内中心に動いていますが、海外関係、特に中国については池田博正副理事長にそういう使命を担っていただき、新たな時代の人脈づくりに懸命に取り組んでいるところですが、幸い順調に進んでおります。

第四章　新時代の日中交流

一、事態打開への視座

相互イメージの悪化

民主党の野田佳彦内閣が二〇一二年九月に尖閣諸島（中国名・釣魚島）を国有化すると、中国政府が猛反発、日中関係はこれを機に一層こじれ、ついに首脳会談も開けない状態に陥った。

こうした中、日中両国の国民が互いに抱くイメージも悪化した。尖閣諸島国有化の翌年、二〇一三年九～一〇月に内閣府が全国の二〇歳以上の三〇〇〇人を対象として行った聴き取り調査によると、「中国に親しみを感じるか」という問いに、「感じる」と答えたのはわずか一八・一％。これに対して、「感じない」とする割合が八〇・七％にも上った。

「親しみを感じる」は調査開始の一九七八年から八八年までは六～七割台。その後はどんどん落ち続け、尖閣諸島付近で中国漁船が日本の巡視艇に体当たりする事件のあった二〇一〇年は二〇・〇%にまで落ち込んだ。一一年は幾分持ち直したものの、一二年になって一八・〇%へと再び急落した。

もう一つのデータを見てみよう。特定非営利活動法人「言論NPO」（本部・東京都中央区）は、中国の英字紙『チャイナ・デーリー』などを発行する中国日報社と共同で、毎年、日本人と中国人の相互好感度などの調査を実施している。同じく一三年（六～七月）に行った調査は、一八歳以上の男女が対象で、日本側は全国、中国側は北京、上海、成都、瀋陽、西安の五都市で実施された。

それによると、日本人に対する調査では、中国に対して抱く印象が「良くない」あるいは「どちらかといえば良くない」と答えた人が九〇・一%で、前年の八四・三%から大きく増加。一方、中国人に対する調査では、日本に対する印象が「良くない」「どちらかといえば良くない」と答えた人が合わせて九二・八%に上り、前年の六四・五%から実に二八・三ポイントも増加した。相手国に対してマイナスのイメージを抱く人が双方で九割を超えたわけで、過去九回の調査の中でも最悪の状況になった。

「日中関係の懸念材料は何か」との質問に対しては、日中とも「領土問題（尖閣諸島問題）」を挙げる人が突出して多く、日本人は七二・一%、中国人は七七・五%を占めた。

対日新思考

両国民の意識がこのような状態にあると、日中関係の改善を図るのは容易なことではない。中国としても、特に反日のエネルギーが充満した状況の下では、「日本側の立場に理解を示すと、共産党や政府内での立場が危うくなる」という事情もあり、日本に対して融和的に対応していくことが難しくなる。しかし、たとえそうした状況の下でも、時流におもねることなく、対日関係の改善を求めて力強く声を上げてきた人たちがいる。

一〇年ほど前のことになるが、中国共産党機関紙『人民日報』評論部編集主任を務めていた馬立誠《ばりつせい》は、中国の偏狭なナショナリズムを批判、「戦争に対する日本の謝罪は既に十分だ」として、経済を中心に日本との関係を発展させていくべきであると主張した。馬はこうした考え方を「対日新思考―中日民間の憂い」と題した論文にまとめ、中国の政策問題専門誌『戦略と管理』（二〇〇二年六号）で発表。「中日両国はそれぞれの民族主義を克服し、和解を実現し、東アジア共同体を共に建設すべきだ」と呼びかけた。

「対日新思考」を謳うこの論考は日本でも注目されたが、馬は中国国内では「漢奸（漢民族への裏切り者）」と呼ばれ、一時、香港に出ざるを得なくなった。

北京を離れた後、馬は香港で鳳凰衛視（フェニックスＴＶ）の評論員に迎えられた。この当時、彼は中国・広州市党委員会機関紙『広州日報』傘下の雑誌『南風窓』（二〇〇四年〇五期）のインタビューに応じ、日本との関係について語っている。日中両国が友好関係を育み、共に歩んでいくために、極めて重要な視点が含まれているので、以下にその一部を訳出してみる。インタビュアーは同誌の郭宇寛《かくうかん》記者である。

郭　ある人は「あなたが日本をさっと見て、高級な接待を受け、ロマンチックな紀行文を書いた。あるいは、あなたが会った一部の日本人は、あなたにプラス面だけを見るという偏見を生じさせたのでは」と考えている。こうした要素があったと思いますか？

馬　私が〝買収〟されたというなら、どんな証拠があるのですか。あるなら、どうぞ出してください。できないなら、それは誹謗ですよ。（中略）私は日本に行く前から中日関係に対し、考えをもっていました。日本に行って、いっきに書くきっかけを得ただけです。私の考えの根本的な出発点は鄧小平の思想です。鄧小平は一九七八年に日本を訪問し、天皇に対し、「過去のことは過ぎ去ったことです。今後はすべて積極的に前を向いていきましょう」と語りました。それは疑いもなく、大政治家の見識だったと思っています。私の考え方はこの出発点から展開されたものなのです。鄧小平の言った「過去のことは過ぎ去ったこと」とは何を指しているのか。それは当然、戦争の問題、歴史の問題を指しています。

郭　では、釣魚島（日本名・尖閣諸島）、民間賠償など一連の問題における具体的な利害の衝突をどう見ていますか。

馬　国家の利益に関わる問題は、当然争わなければなりません。しかし、問題を処理するには、程度というものがあり、策略があります。国家の利益を論ずるには、すべてを見て考えなければなりません。われわれは現在、釣魚島に特に注目していますが、実際、南沙（スプラトリー）諸島をめぐるベトナムとの争いもあります。ロシアとはさらに大きな面積の土地をめぐる問題を抱えています。これらの問題について、わが国政府は立場を鮮明にし、武力について軽々しく言いません。私はこの態度が正しいと考えています。

当面、一つの非常に重要な問題があります。それは中、米、日のトライアングルな関係の中で、米日両国の同盟関係がとても深く、中国は劣勢で、いささか脇に追いやられています。もし、中国が日本と建設的な関係を打ち立てなければ、最大の受益者は米国となります。両国はいずれも米国とのバランスを必要としています。米国は両国の矛盾を利用し、波乱を引き起こすことができるのです。（中略）中国は日本と相互信頼関係を樹立するため努力しなければなりません。日本国内にも、中国との関係発展を求める一種の声がありま す。中国はこの点をしっかりつかまえる必要があります。中国の指導者は民間の世論を積極的に誘導し、民間の理解と協力を促進すべきであり、感情に任せ、無軌道に発展させていってはなりません。中日の友好は長期にわたる国家の利益にかないます。

郭　私は南京で生まれ育ちました。中日の歴史は私の心の中に拭い難い影を落としています。特に、日本がドイツのように心から過ちを認めないことに非常に憤りを感じます。（中略）日本人が誠意をもたず、過ちを認めないことは、われわれの民族の感情を傷つけており、捨て置けない重大事です。この問題にはどのように対処すべきですか？

馬　謝罪の問題について、私は研究をしてきました。中日国交正常化以来の三〇年間に、日本の指導者は二一回も中国に反省の意を表明しています。日本は中国に対して〝侵略戦争〟を発動したこと、〝植民地〟として統治したことを明確に認め、深い反省の意を表明しているのです。（中略）日本の若い世代にさらに（謝罪を）求めるのはよくない。彼らの父親や祖父たちが行ったことに対して（謝罪を）強引に求めれば、反感を引き起こすだけです。元朝が二度にわたって日本を侵略した歴史を持ち出し、今日の中国の青年に対して責任を問うようなものなのです。

民によって官を促す

馬は、国内でどんなに批判されても、自らの考えを曲げようとはしない。インタビューでも分かる通り、祖国・中国に対する深い思いがあるからであり、中国共産党・政府内の指導者や幹部、知識人の中にも、多いとはいえないが、「対日新思考」に対する賛同者も出てきている。

そのうちの一人が中国社会科学院日本研究所副所長を務めた馮昭奎《ひょうしょうけい》で、馮は『戦略と管理』の二〇〇三年四、五、六号に「対日関係の新思考を論ず」「対日関係の新思考を再び論ず」

「対日関係の新思考を三度論ず」と題した論文を立て続けに発表。経済大国である日本との関係は中国にとっても有益であると指摘し、対日新思考外交を推進するよう提言した。
馮はまた、日中関係における民間交流の重要性を指摘し、中国国営新華社が運営するニュースサイト「新華網」に寄稿した論文の冒頭で次のように述べている。

中日関係は大きく分けると公式と民間の二つの部分で構成されている。そして、民間交流を大いに推進することが中日関係発展にとって極めて重要なことである。一九七二年の中日国交正常化の前、われわれは「民によって官を促す」という方法に基づき、民間交流を大いに展開し、中日関係の発展を強力に促進し、両国の国交正常化を実現したのである。現在、中日関係は極めて大きな困難に直面している。こうした情勢下においては、「民によって官を促す」方法で民間交流を大いに展開し、両国関係を改善することが何よりも重要であり、急務である。中日の国交正常化の前、「民によって官を促す」という方法で両国関係を発展させた経験は、同様に、現在の中日関係にも適用できるのである。

馮は日本留学の経験もある知日家で、さまざまな機会に日中関係改善の必要性を訴えてきた。しかし、中国国内では、ナショナリズムの嵐が吹き荒れ、日本国内でも、小泉純一郎首相が靖国神社を繰り返し参拝し、中国側を刺激した。このため、馬や馮らは国内でさらに苦しい立場に追い込まれていった。残念なことに、「対日新思考」を持ち出す雰囲気は今やほとんどない。

温家宝のメッセージ

振り返ると、この間にも、中国側から重要なメッセージが寄せられていたことに気付く。中国の温家宝首相が二〇〇七年四月、「融氷之旅（氷を融かす旅）」と位置付けて来日し、国会で演説した。温首相はこの中で「私は友情と協力のために貴国に来ました。これがまさに、私のこのたびの日本訪問の目的であり、本日の演説のテーマでもあります」と前置きし、二〇〇〇年余にわたる日中の交流と協力の歴史について言及。「日本政府と日本の指導者は何回も歴史問題について態度を表明し、侵略を公に認め、そして被害国に対して深い反省とお詫びを表明しました」と日本側の謝罪を評価。「（これを）実際の行動で示されることを心から希望しています」と訴えた。靖国神社への参拝自粛を求めたものだ。

温首相はまた、「中日友好関係の発展は、両国人民に確実な利益をもたらしました。中国の改革開放と近代化建設は日本政府と国民から支持と支援をいただきました。これを中国人民はいつまでも忘れません」と述べ、「中国は昔から徳を重んじ武力を重んぜず、信を講じ、睦を修めるというすぐれた伝統があります。私は責任を持って皆さまに申し上げます。中国は平和・発展・協力の旗印を高く掲げ、平和発展の道を堅持し、調和のとれた世界の構築を推進していく決意は、永遠に変わりません」と強調。「われわれは手を携えて、中日両国の子々孫々

衆議院本会議場に入る温家宝首相（2007年4月12日）

にわたる友好を実現するために、中日両国の戦略的互恵関係の新たな局面を切り開くために、アジア及び世界の平和と発展のためにともに奮闘努力していこうではありませんか」と訴えた。

まさに、この演説の内容は「対日新思考」と軌を一にするものだった。温首相は日本滞在中、東京で安倍晋三首相と会談したほか、天皇陛下をはじめ、公明党の太田昭宏、民主党の小沢一郎、社民党の福島瑞穂、共産党の志位和夫ら政党責任者、中曽根康弘元首相、創価学会の池田大作名誉会長らと会見した。温首相はさらに関西にも足を延ばし、太田房江大阪府知事ら関西の政財界人とも会見。ユニフォームを着て立命館大学の学生と野球もするなど、日中友好のムードづくりにエネルギーを注ぎ込んだ。ナショナリズムが渦巻く中国では、指導者といえども、日本で融和的な行動や発言をすると、批判を浴びる。温首相はこのとき、そうした危険を冒しながら日本にメッセージを送っていたともいえる。

しかし、日本側がこれに応え得たのかとなると、疑問を感じないわけにはいかない。

二、民間交流の力

発展を支える日中の絆

先に紹介した馮昭奎は、中国に「対日新思考」が必要なように、日本にも「対中新思考」が必要だと述べている。この意見は傾聴に値しよう。日中関係の改善には、中国側ももちろんだが、日本側の努力も不可欠だ。もう一つ、国対国、政府対政府の関係が冷え切っているならば、やはり馮が言うように、「民によって官を促す」形で関係改善を図ることも大切だろう。

幸い、先に紹介した「言論ＮＰＯ」の世論調査でも、日中関係を「重要である」「どちらかといえば重要である」と考える日本人は七四・一％、中国人は七二・三％に上り、いずれも七割を超えている。日中両国の国民は、ときに反目し合いながらも、互いの大切さを決して忘れてしまったわけではない。民間の交流基盤さえしっかり保たれていれば、いつかは官を促すこともできる。

ここで、改めて日中間の民間レベルの絆を振り返ってみよう。

日本貿易振興機構（ジェトロ）のデータによると、日中間の貿易総額は二〇一二年と一三年の二年連続で前年を下回ったものの、一三年は三一一九億九五一八万ドルと依然高い水準にある。中国が日本にとっての最大の貿易相手国であることに変わりはない。

対中投資はどうか。中国の商務省によると、一三年の海外からの対中直接投資（実行ベース）が前年比五・三％増えた中で、日本の対中投資は同四・三％減の七〇億六四〇〇万ドルにとどまった。反日ムードの影響で、日本企業の中に中国市場を避ける傾向が出ているとみられているが、しかし、七〇億ドルを超える投資額は他国と比べて決して小さな数字ではない。また、同省の統計では、日本から中国への進出企業数は一一年末現在、二万二七九〇社とされ、米国の二万〇八五五社を抜いてトップに立っている。

日本の対中投資の伸びが鈍った理由には、確かに反日問題がある。ただ、それだけではなく、中国国内の賃金の上昇、労働争議の増加、原料費のアップ、腐敗、法律の不備、偽物の横行などの影響もあるに違いない。一方で、中国のマーケットは農村地域にも拡大しており、日系の流通・サービス企業の対中進出は、むしろ拡大している。

法務省入国管理局のデータによると、日本の中長期の在留外国人数は一四年六月末現在、一七二万二七一〇人で、これに特別永住者を合わせた在留外国人数は二〇八万六六〇三人。国籍・地域別では、中国が六四万八七三四人で全体の三一・一％を占め、韓国・朝鮮の五〇万八五六一人、同二四・四%を大きく上回っている。日本で働き、生活する外国人の中では中国人が圧倒的に多いということであり、こうした日中を結ぶ絆が両国の発展と繁栄を支えている。

冬の時代にも続く草の根の交流

大切な絆の一つである草の根レベルの交流は、日中関係が〝冬の時代〟に入っても、途切れることなく続いてきた。

日中国交正常化三〇周年の二〇〇二年初頭には、日中友好協会など日本側の二三の民間友好団体代表と、中国側の三〇団体代表が北京で会合し、「双方が共に努力し、新世紀の中日友好関係を発展させるため貢献する」ことを誓った。そして、日中双方で、日中国交正常化三〇周年を記念するイベント「シルクロード絹と黄金の道展」「日中書道家作品交流展」「日中友好交流都市中学生卓球交歓大会」などが次々と開かれた。

さらに、その後も「景徳鎮千年の歴史展」「大兵馬俑展」「大相撲中国公演」などの各種イベント、青少年や教師の相互訪問、スポーツ交流などが行われ、〇八年の四川大地震の際は、日本は各国に先駆けてハイパーレスキュー隊を含めた国際緊急援助隊を派遣。一方、その三年後に発生した東日本大震災の際には、中国は救援隊を素早く日本に送ってくれた。こうしたイベントや交流、助け合いが底辺で日中友好を支えている。

日中国交正常化四〇周年に当たる二〇一二年には、前述したように尖閣諸島の国有化をめぐり中国国内で激しい反日デモが起きた。「日中関係は戦後最悪」ともいわれたが、それでも草の根レベルの交流は続けられた。この年、加藤紘一日中友好協会会長ら日中友好七団体会長一行が訪中し、日中民間団体代表会議が開催されている。また、北京では三〇周年のときと同様に「日中友好交流都市中学生卓球交歓大会」が開かれた。

日中協力で「朱鷺」公演

政府同士が対立関係から抜け出せない中で、このような民間交流の底力を感じさせる出来事があった。二〇一四年一〇月七日に都内で行われた中国・上海歌舞団による舞劇（Dance Drama）「朱鷺」のプレビュー公演である。一五年六～七月に日本全国で上演するのに先立ち、民主音楽協会（民音）と中国人民対外友好協会が主催したもので、三笠宮家の彬子さま、安倍晋三首相、中国の程永華駐日大使ら来賓が見事なパフォーマンスを楽しんだ。

トキは「ニッポニア・ニッポン」の学名をもつ美しい鳥で、顔の部分が赤く、淡いピンクの羽を広げて大空を舞う。かつて東アジア一帯に多数生息していたが、都市開発などに伴って激減し、二〇〇三年に佐渡トキ保護センターでメスの「キン」が死亡したことで、日本の野生のトキは絶滅してしまった。これに先立ち、中国政府は一九九九年、二羽のトキを日本に贈呈してくれた。その子孫たちが今、人工繁殖で増え、約三五〇羽に達するまでになっている。

トキはこのため、日中友好のシンボルになっており、これをテーマとして据えた舞劇の日本

「朱鷺」プレビュー東京公演の舞台（民音提供）

公演に尽力したのが中国人民対外友好協会の李小林会長だった。来日した折に佐渡でトキを見て、日中国交回復四〇周年を記念した公演を発案し、日本側のパートナーとして、長年にわたる交流があった創価学会と民音に協力を要請。尖閣諸島の問題などで両国が対立を深めた際も、「こういう時だからこそ」と制作に力を注いだ。

以来、四年の歳月を費やして上海歌舞団が練り上げたのが「朱鷺」である。舞劇は中国の伝統舞踊、西欧のバレエやコンテンポラリーダンスの要素をとり入れ、台詞を用いず、登場人物の自在の動きによって物語を進めていくというもので、ダンスの美しさが観客を魅了する。

舞台は、古代から始まる。「潔（ジエ）」という名のトキが、仙女の姿となって人間世界に舞い降りる。そして、村の青年「俊（ジュン）」と出会い、やがて二人は引かれ合っていく。トキと人間の素晴らしい共生を意味している。時は移り、高層ビルが立ち並ぶ現代。都会に馴染めない「潔」が「俊」と再会する。二人を結び付けたのはトキの羽。現代の「俊」はかつて「潔」が残した羽を受け継いでいた。だが、再会の喜びもつかの間。二人は環境破壊で次々に姿を消していくトキを目の当たりにし、悲嘆に暮れる。それでも、「潔」と「俊」は、共に悲しみを乗り越え、共生を求めて再び歩み始める――というストーリーで、出演者たちが美しい舞台の上で喜びや悲しみの舞を披露する。トキの姿と動きを追求した衣装と振り付けは圧巻だ。

首脳会談への道を開く

このプレビュー公演は、日中の民間協力によって高い芸術性を披露しただけではない。極度に冷え込んだ政治関係の打開に一役買うこととなったのである。

日中の間では当時、首脳会談を開けない状況が続いていた。このため、日本政府は対中関係の改善を模索。二〇一四年一一月に北京で開かれるアジア太平洋経済協力会議（ＡＰＥＣ）の場を借りて、安倍晋三首相と習近平国家主席との首脳会談を実現させようとした。そして、さまざまなパイプを頼りに打診を試みたのだが、中国側は、日本の尖閣諸島国有化や安倍首相の靖国神社参拝などを理由になかなか応じようとはしなかった。

ここでキーパーソンの一人となったのが、対外友好協会の李小林会長だった。李会長は新中国建国の功労者の一人、李先念元国家主席の娘で、習主席とは幼なじみ。共に中国の指導者や高級幹部の子弟たち、いわゆる「太子党」のメンバーで、「何でも話せる間柄」だともいわれている。その李会長が、APECの直前、一〇月七日のプレビュー公演に合わせて来日することが決まり、水面下で関係者が動き出す。

主催者側からの招待に対して安倍首相からはすぐに出席の意向が示された。また一方、中国側からもこの公演に日本の首脳クラスの出席の希望があったという。

安倍首相は第二次政権発足以来、中国の首脳はもちろん程永華大使とも会っていなかった。その程大使は結果的に「朱鷺」プレビュー公演の席で首相と歓談の機会をもつことになった。一〇月七日、東京での「朱鷺」プレビュー公演は大盛況のうちに幕となり、安倍首相と李会長は、その場で懇談した。安倍首相が首脳会談への意欲を伝えたとみられるが、実際にそこで何が話され、李会長がそれを習主席にどう報告したのかは分からない。

ともあれ、一一月一〇日、APEC首脳会談を前に、日中の首脳会談が北京で約二年半ぶりに実現した。両首脳は会談に入る前に握手をしたが、そのときの二人の表情は共にこわばっていた。が、会談に入って間もなく、安倍首相が一〇月に都内で中国のバレエ劇『朱鷺』を鑑賞した話を披露すると、習主席の硬かった表情が初めて和らいだという(86)。

プレビュー公演の準備に当たった関係者は、李小林会長が「朱鷺」日本公演にかける思いを次のように語ったのを聞いている。

最初の日中国交正常化の時は〝ピンポン外交〟があったでしょう。これが日中の大きなエポックになりました。その後にあったのが〝パンダ外交〟です。私は〝トキ外交〟と、後年言われるようにしたいのです。日中にこの「朱鷺」の公演があったから、いろいろな問題も乗り越えることができたのだ、というようにしたい。

民間レベルで培われてきた信頼関係や交流の実績は、悪化した両国の政治関係を徐々にではあるが解きほぐしていく力をもっている。この力が、閉じかけていた日中間の扉を、ふたたび押し開いていくことを期待したい。

終章　日中関係改善への提言

これまで見てきたように、日中の絆は今や切っても切れないほど強くなり、お互いの経済を支え、生活や文化を豊かにしている。両国は現在、尖閣諸島（中国名・釣魚島）、靖国参拝、歴史認識、反日・嫌中などの問題で、国交正常化以来「最悪」の状態にあるといわれているが、このままでよいはずはない。

では、どうしたらこの事態を打開できるのか。日中両国の友好関係を再びよみがえらせるには、いま何が必要なのか、日中双方から、作家で秋田公立美術工芸短期大学学長の石川好氏と、作家で神戸国際大学教授の毛丹青氏に提言を執筆してもらった。さらに、民主音楽協会の小林啓泰代表理事に中国との交流の軌跡を語ってもらった。

民の力をもって官を促す——日中「二〇一五年問題」を克服する道

作家・秋田公立美術工芸短期大学学長　石川　好

日中関係は北京でのＡＰＥＣにおいて二年半ぶりの首脳会談（これは、首脳会談に値しない会見

石川好氏

に過ぎない）が行われたことで、今後両国は少しずつ対話を重ね、元に戻るという楽観論が漂い始めている。果たしてそうなるのか。私は二〇一五年をどのように両国が乗り切るのかによって、習近平体制の中国と日本の関係が確定すると強く信じるので、「二〇一五年問題」を分析し、その上で日本は何をなすべきかの試案を述べてみたい。

「二〇一五年問題」とは何か。それは、二〇一五年が第二次世界大戦が終結して七十年という節目と、日本が「対支二十一カ条要求」を出して百年の節目の年となる。この二点に対し、中国がどのように考えて行動し、日本がどのような態度表明をするのか。そのことによって両国関係はさらに悪化する可能性が大きくなると私には見えるのである。すなわち二〇一五年、日中両国は「歴史認識」を巡り深刻な対立が表面化し、両国民の間に嫌中・嫌日感情がかつてなかったほど高くなる可能性が大なのである。

戦後七十年とは中国にとって何か。それは、ヨーロッパの戦争がドイツファシズムと欧米の民主主義の戦いであり、それを最大限食い止めたのはソヴィエト連邦であった、という視点に対し、アジア太平洋戦争において日本軍国主義に徹底抗戦したのが中国である。すなわち、第二次大戦はヨーロッパにおいてソ連が、アジア太平洋においては中国が最大の犠牲者を出しながらファシズムに勝利し、その結果、国際連合が誕生し、一定の世界秩序が成立した。この功労者がソ連と中国なのである。ゆえに中国とロシアは二〇一五年に戦勝七十周年を大々的に合同で取り行うと発表している。

そして二〇一五年にはもう一つ、「対支二十一カ条要求」という中国にとって屈辱的な要求が日本から出されて百年の節目の年となる。一九一四年七月、第一次大戦がヨーロッパにおいて勃発したとき、日本は「日英同盟」を口実に、同年十一月、中国山東省青島のドイツの租借地を攻略する。このころ山東出兵に強く反対したのが石橋湛山であった。石橋は一九一四年八月十五日の東洋経済新報の社説で「好戦的態度を警《いま》しむ」と題し、戦争状態を欧州に限定し、東洋の独・オーストリアの拠点を攻撃するなと説いた。そして、日本軍による青島の攻撃後「青島を断じて領有すべからず。山東方面に領土的経営を行えば、支那に対するわが国の侵入は明白となり世界列強を動揺させる」とも書いた。さらに同年十一月二十五日「重ねて青島領有の不可を諭す」と追い討ちをかけるのである。こうした石橋の警告にもかかわらず一九一五年、対支二十一カ条は批准される。ヨーロッパ列強が戦争状態のため中国大陸に空白が生じ、そこに日本が大きな権益を獲得するのである。そして第一次大戦終結の一九一九年、ヴェルサイユ条約の結果、日本の権益が認められると、世にも名高い「五・四運動」という大反日運動が中国全土に吹き荒れ、これが後に中国共産党の誕生につながるのである。中国側に立って見ればこの「対支二十一カ条要求」こそ日本の中国侵略が開始された年であり、それが一九三一年からの日中戦争にまでつながり、一九四五年日本の敗北によって終わる。すなわち一九一五年の対支二十一カ条要求から一九四五年までの三十年間は「抗日戦争」であったという歴史認識が今日の中国にあるのだ。

この二つの出来事をセットにして「二〇一五年」を抗日戦争勝利七十年として年間を通し宣伝され、日本人には楽しくないことが続くのである。これを意識しているがゆえに、習近平氏はＡＰＥＣにおいても安倍首相との会談に冷淡だったのだ。

という次第で日中関係が急速に好転することはない。それどころか、感情的にさらに悪化するだろう。ではどうするのか。しばらくは日本側としては、政経分離の日中関係に徹するしかない。歴史認識や領土の問題は政治家と外交官に任せ、激しい議論の応酬があってもよい。しかし、他方では民間人はそうした歴史認識や対日批判が起こっても平然と構え、経済・文化・人的交流を積み上げるしか方法はないのである。

とりわけ中国の内陸に対し経済・文化・人的交流をより多く行うべきだ。中央政府が何もできないのであれば日本の地方自治体が積極的になるべきであろう。日中間には四百を超す姉妹友好都市協定がある。これを再活用するのである。

周恩来首相が、国交正常化より十八年前の一九五四年十月、新中国が紅十字の代表李徳全を団長とする初の訪日団を送るとき、「民の力をもって官を促す」と激励したというが、その言葉は今日の日中関係にもぴったり当てはまる。

日本としては、政治に惑わされず、民間の力で官（政治）を促す。それしかないであろう。これには、民間人の精神の強度が備わる必要があるのだが……。

いずれにしても、二〇一五年、中国では抗日戦争勝利七十周年記念イベントが年間を通して宣伝される。そのような時に日本側も改めて日本の近代史とりわけ日中史を再検討し、反省すべき点と評価すべき点を明確にする決意を持ってのぞむべきであろう。問われているのは、日本における「批判に耐えうる精神」の強度である。

日本の若者よ、中国文化を知り尽くせ

作家・神戸国際大学教授　毛　丹青

中国では今、日本の文化やライフスタイルを紹介する『知日』という月刊のムック本が売れている。読者として狙いを定めているのは一八〜三五歳の若者たち。編集長の蘇静、アートディレクターの馬仕睿、そして主筆を務める私たちが二〇一一年一月に創刊した。創刊号は奈良美智のポップアートがテーマだった。以後、「制服」「猫」「妖怪」「鉄道」などを特集して、毎号五〜一〇万部を発行している。「漫画」を特集した号は五〇万部以上を売り切った。

創刊が二〇一一年の一月と聞いて、おやっと思う方もいることだろう。その通り、尖閣諸島

（中国名は釣魚島）近くで中国の漁船が日本の海上保安庁の船に衝突したのがその四カ月前。まさに日中関係が極度に緊張した時期に、この本は世に出たのだ。だからといって、決して最悪のタイミングで創刊を余儀なくされたわけではない。むしろ、見計らっていたチャンスが到来したと判断して、『知日』を出した。たとえ「反日」であろうが、中国人の関心が日本に集中したこのタイミングで、中国政府が発表する公式情報ではない、多角的な日本情報を中国国内に発信しようと考えたのだ。

毛丹青氏

だから、『知日』は、日本の文化やライフスタイルをすくい取ることに徹している。決して「思想」を語らないし、政治状況や社会問題は扱わない。日本文化を、それを包んでいる日本の空気ごとパックして中国人に提供することを目指している。対象を「ゼロ距離」、日本語で言う「等身大」のイメージで表現していくのが私たちのやり方だ。

注目してほしいのは、「日本の今を知る」ということだけで、中国では十分にビジネスとして成り立っているという点だ。よく成功の理由を問われるが、答えは簡単。中国社会というのは日本人が想像するように「反日」一色ではなく、日本の文化や生活に強い興味をもつ若者が大勢いるからだ。一人の個人の中でさえ「反日」と「親日」は共存する。中国の若者は、街頭で反日のシュプレヒコールを叫んだその夜に、布団の中でこっそり日本のコミックに読みふけり、村上春樹の小説に心を揺さぶられていたりするのだ。

『知日』が売れているということは、すなわち、中国では身銭を切ってでも日本のことを知ろうとする人が大勢いるということだ。ひるがえって、日本はどうか。今、仮に『知中』というムック本が日本の書店に並んでいたとして、一体どれほどの人が手に取り、買って読むだろうか。

人でも国でも、まずは相手のことを知ろうとすることが、友好的な関係を築く第一歩だろう。しかし、現代の中国社会がどのような文化を基底にもち、中国の人々がどんな日常生活を送っているのか、関心を持つ日本人はあまりに少ない。日本人が知っている中国といえば、いまだに孔子、孟子や『三国志』。現在の中国となると、せいぜい習近平や反日デモやＰＭ２・５だ。街を歩くごく普通の中国の若者の心象風景を、日本の若者たちはどれだけリアルに想像できるだろうか。

中国人が日本を知ろうとしている一方で、日本人はむしろ中国から目を背けている。「嫌中」を標榜して中国を知ろうともしない態度を続けていくうちに、両国の人々の間に深刻な「知」のギャップが生じてしまうのではないかと、私は危惧する。

この「知」のギャップが恐ろしいのは、国の経済の浮沈に大きな影響を及ぼすからだ。お互いを知るレベルがずれてくると、一〇年、二〇年後には大変なギャップが広がることになる。よい例が日米関係だ。

一九五〇〜六〇年代、日本は米国にあこがれ、懸命にその文化を学んだ。一方、米国は戦争で打ち負かした日本のことなど知ろうとはしなかった。その結果どうなったか。日本は米国を知り尽くしたことで、高度経済成長を果たし、七〇年代末には「ジャパン・アズ・ナンバーワン」になった。ある有識者は、これを日米の「知の落差」といった。

しかし、八〇年代に入ると、この状況は逆転する。日本は「ナンバーワン」に慢心し、米国への知的関心を失った。やがて日本はIT（情報技術）分野で米国に決定的な差をつけられてしまう。スティーブ・ジョブズ（米アップル社共同設立者）の伝記を読むと、なぜ日本からiPhoneが出てこなかったのかがよく分かる。そこには、東洋的な精神が込められていたにもかかわらず、日本はそれを創り出すことができなかった。ジョブズは座禅までしに行くほど日本への関心を抱き続けていたのに対し、日本は相手のことを知る意欲を衰えさせた結果だ。

同じことが、今、中国と日本との間で起こりつつあるのではないか。中国では、もちろん「反日」もあるが、日本への旅行者は確実に増えている。一方で、最近の日本の若者は中国のことを知ろうとしないし、中国へ行きたがりもしない。

そうした傾向が、東京オリンピック・パラリンピックの開催が決まった二〇一三年秋に顕著に加速したと私は考えている。「お・も・て・な・し」の招致プレゼンテーションが成功した後、書店やテレビでは「日本文化は素晴らしい」「日本人は他の民族より優れている」といったコンテンツがあふれ出した。バブル景気のころにも同様の傾向は見られたが、今は「失われた二〇年」のあとのはずだ。他国への関心を失い、内向きの自尊心に酔っている場合ではないだろう。

私たちは、このほど『知日』の日本語ダイジェスト版『知日　なぜ中国人は、日本が好きなのか！』（潮出版社）を日本で出版した。中国人の目線で、こびることもなく、けなすこともなく等身大で描かれた日本像は、日本人にとって冷静に自らの姿を見直していく手掛かりになるはずだ。また、日本文化を中国の知恵にしようという『知日』のコンセプトは、内向きになっている日本人の目を再び外へと向け、中国との「知」のギャップを解消していく刺激にもなればいいと思っている。

日本と中国は今、政治上の厳しい対立を続けている。政治がうまくいかなくなると、しばしば互いの文化まで否定しがちになる。しかし、それは間違いだ。政治はあくまでも文化の一つの要素に過ぎない。政治に問題があっても、文化全体を否定すべきではないし、政治関係がよくないからといって、文化の交流までしないのは間違っている。今こそ、日中両国の若者同士が、互いに刺激し合いながら「知」の構築に取り組むべきだ。

私たちは、『知日』を通じて、中国人が日本文化を知る道を開いた。日本でも、ぜひ中国文化を知り尽くしたいという若者たちが出てきてほしい。

（一九六二年、中国北京市生まれ。北京大学卒。中国社会科学院哲学研究所を経て、八七年来日。水産会社や商社で勤務の後、作家に転身。著書に『にっぽん虫の眼紀行』など）

文化交流こそ日中友好の道

民主音楽協会代表理事　**小林啓泰**

■四〇年にわたる中国との文化交流

民主音楽協会（民音）は、音楽・芸術などの文化交流を通じて世界平和の基盤をつくりたいという池田大作創価学会名誉会長の提唱により、一九六三年に創設されました。それから五〇年を経て、今では一〇五カ国・地域に交流が広まりました。

特に中国との関係は四〇年の歴史があります。一九七四年一二月五日の周恩来総理と池田名誉会長との一期一会の会談をきっかけとし、民音と中国の交流が始まりました。

一九七五年九月に民音が中国北京芸術団を招へいしたのが最初の交流です。

このときは創価大学のグラウンドに仮設舞台を造り、一万六〇〇〇人が参加して大歓迎大会が催されました。いま思うと国交正常化から間もないその当時に日本の観客が一万六〇〇〇人も集まったのは異例中の異例だったと私は思います。

それは中国と文化レベルでのパイプをつないでいくことこそ友好を築く道であるという民音

創立者の理念が実現した瞬間でした。

こうして一九七五年を皮切りに二〇一三年の中国瀋陽雑技団、そして一四年の中国国家京劇院まで、さまざまな芸術団体を招へいさせていただいています。

一九八六年には、後に習近平国家主席夫人となった彭麗媛《ほうれいえん》さんが中国を代表する歌手として来日しています。

■中国は「文化大恩の国」

小林啓泰氏

池田名誉会長は常々、「中国は文化大恩の国で、父の国であり、兄の国である」と言っています。その話を中国の方々にすると、「いえいえ、こちらこそ日本に恩をいただいています」と必ずおっしゃいます。

民音としては、この「文化大恩の国」を大きなテーゼにしていかなければならないと思っていますし、そのつもりで音楽や芸術の団体を招へいしています。

文化という部分でお付き合いをさせていただいていると、中国の方々は非常に人間味あふれた方々だと実感します。それを象徴するのが二〇一三年の瀋陽雑技団の来日で、瀋陽というのは戦争の歴史が色濃くあって反日デモが多かったエリアですが、そこから雑技団が日本公演に来てくれたわけです。

来日した際にはどうしても東日本大震災の被災地のお役に立ちたいと申し出があり、自分たちのパフォーマンスを観ていただきたいと熱烈に話をされるので、一番被害が大きかった岩手県・宮城県・福島県の三県の行政にお願いして岩手県の大船渡、宮城県の石巻、福島県のいわきの三カ所で無料公演を実現しました。

通常は二時間の公演なのですが、そのときは一時間に短縮したので全員が出演する必要はなかったのですが、みんなで何かをさせていただきたいという申し出があり、フィナーレには全員が衣装を着けて出演してくれました。これは象徴的な出来事だったと思います。観に来られた方々に、演じる雑技団の皆さんの真心が伝わり、感激のあまり涙ぐむ方もたくさんいらっしゃいました。

私もその場にいて、「同じ人間同士だから心が通じ合う」とよく言われますが、言葉だけではなく現実にそれが目の前で起こっているのだと率直に感動しました。そして、人と人との交流というのは、政治や経済のレベルのこととは全く別次元だということを私たちはもっと知らなければいけないし、感じなければいけないと改めて学ばせてもらいました。

一輪車の演技をした雑技団の子どもに聞いたら、「何かのお役に立てたと思えたことがとても嬉しい。一生味わえないような経験だった」と話していたことも印象的でした。

■反日運動の時期にも

二〇〇〇年代になると靖国問題や尖閣問題などで反日運動が激化し、政治的には関係悪化が続くこともありました。しかし、そんな時期でも民音主催といえば何の懸念もなく中国の芸術家は来日してくれて、淡々と公演は続けられました。公演が延期になったのは、重症急性呼吸器症候群（ＳＡＲＳ）が流行した二〇〇三年だけです。

民音はこの四〇年間に中国の四六の文化芸術団体を招へいし、全国各地での公演は一九〇〇ステージを超え、中国の芸術に触れていただいた日本人は延べ三〇〇万人にもなりました。

民音創立者である池田名誉会長の言葉に「船を政治・経済だとすれば、その船を運ぶ海が民衆と民衆のつながりです。時に船が難破することがあっても、海さえあれば往来は続いていく。ゆえに、文化・教育・平和交流こそ、永遠の友好を築く王道です」とあります。

また、「経済という光を当てると、先進国、発展途上国などの言葉が浮かび上がってくるけれど、音楽という光を当てると、世界地図が一変するに違いない」とも言われています。今（二〇一四年）、民音ではブラジルのサンバの楽団を招へいしていますが、その国にしかない芸術が全世界を席巻することもあります。そこには先進国、発展途上国の言葉すらないのです。それこそが文化の資質だと思います。

こうして民音への絶大な信頼で文化交流を長く続けてこられた背景には、中国の方々の「信義」を大事にする考え方があると思います。

日本にも「信義に厚い」という言葉がありますが、私が思うに中国の「信義」とは少し違うように感じます。中国が「信義」という言葉を出したら絶対的なものだと感じます。つまり通り一遍の形で真心を表現したりすることではなくて、ぶれないで信義に徹するのです。だから、われわれもそこをきちんと理解して、本当の意味で誠意を尽くして関係をつくっていかなければならないと思っています。

もう一つは、「継続は力なり」ということです。四〇年間、文化交流を続けてきているという事実が一つの力になり得ているということではないでしょうか。

ですから政治レベルでは関係の悪化があったとしても、同じ人間同士のつながりが現実に存在し、確実にでき上がっていて、そこから日中友好の道を築いていくことができるのではないかと思います。

■日中交流のシンボル「朱鷺」

民音と中国との文化交流四〇周年の節目となる二〇一五年に、上海歌舞団を招へいして舞劇「朱鷺」の全国公演が行われます。

モチーフとなっているトキは、日中両国の人々が共に愛する吉祥の鳥ですが、近年、日本では絶滅の危機に瀕していました。そこで一九九九年、日中友好の証として二羽のつがいのトキが中国から日本に贈られ、日本での繁殖にみごと成功したトキが再び日本の大空を舞いました。

このトキを通じた日中交流に中国人民対外友好協会の李小林会長が光を当て、トキこそが「日中友好の象徴」として大きな存在になり得ると考え舞踊化が企画されました。構想から約四年の歳月をかけ、人間とトキの時空を超えた愛を通して、人類と自然界の共生を訴える舞劇が完成しました。そこには、日中両国の人々が固く手を結び合い、協力して希望の未来を開いていこうというメッセージが込められています。

舞劇「朱鷺」の公演は二〇一五年六、七月に二九都市五三回公演が予定されています。トキをめぐる協力により、日中両国人民の相互理解と友情が深まり、日中友好の新しい民間交流の道も開かれることを期待しています。

（談）

【注】

（第一章）

（1）吉田茂『回想十年』第三巻、七一～七二頁、新潮社
（2）日中貿易促進議員連盟『日中関係資料集』五三～五五頁、日中貿易促進議員連盟
（3）池田大作『池田会長全集四　講演巻頭言編』一二五～一三九頁、創価学会
（4）孫平化、安藤彦太郎訳『日本との三十年　中日友好随想録』二一一頁、講談社
（5）西園寺一晃『鄧穎超―妻として同志として』一四～一五頁、潮出版社
（6）『人民日報海外版日本月刊』特別増刊号二〇一二年九月、一二五～一二六頁、日本新華僑通信社
（7）『人民日報海外版日本月刊』特別増刊号二〇一二年九月、一二六頁、日本新華僑通信社
（8）奈良日日新聞社『日中国交回復の秘話』二九頁、奈良日日新聞社
（9）孔繁豊、紀亜光『周恩来、池田大作と中日友好』一〇七頁、白帝社
（10）『朝日新聞』一九七一年七月三日朝刊
（11）佐藤栄作『佐藤榮作日記』第四巻、三七七頁、朝日新聞社
（12）奈良日日新聞社『日中国交回復の秘話』二八頁、奈良日日新聞社
（13）岸本弘一『一誠の道　保利茂と戦後政治』一四五～一四七頁、毎日新聞社
（14）「わが外交の近況」『外交青書』一・八号、外務省参考用仮訳
（15）大平正芳『私の履歴書・大平正芳』一二二～一二三頁、日本経済新聞社

（第二章）

（16）大平正芳記念財団編『去華就實　聞き書き大平正芳』一四九頁、大平正芳記念財団

(17) 中野士朗『田中政権・八八六日』八四頁、行政問題研究所
(18) 井上正也『日中国交正常化の政治史』四九七～四九八頁、名古屋大学出版会
(19) 服部龍二『日中国交正常化』五六頁、中公新書
(20) 井上正也『日中国交正常化の政治史』四九八～五〇〇頁、名古屋大学出版会
(21) 早坂茂三『政治家田中角栄』三六三頁、中央公論社
(22) 大平正芳記念財団編『去華就實　聞き書き大平正芳』一四八～一四九頁、大平正芳記念財団
(23) 井上正也『日中国交正常化の政治史』四九一頁、名古屋大学出版会
(24) 栗山尚一著、中島琢磨、服部龍二、江藤名保子編『外交証言録　沖縄返還・日中国交正常化・日米「密約」』一二六～一二七頁、岩波書店
(25) 時事通信社政治部編『ドキュメント日中復交』一二二～一二三頁、時事通信社
(26) 趙全勝、杜進・栃内精子訳『日中関係と日本の政治』一二八頁、岩波書店
(27) 時事通信社政治部編『ドキュメント日中復交』一三二頁、時事通信社
(28) 早坂茂三『政治家田中角栄』三六九頁、中央公論社
(29) 『朝日新聞』一九七二年七月二五日朝刊
(30) 時事通信社政治部編『ドキュメント日中復交』一二四～一二五頁、時事通信社
(31) 早坂茂三『政治家田中角栄』三七〇～三七一頁、中央公論社
(32) 早坂茂三『政治家田中角栄』三七一頁、中央公論社
(33) 石井明ほか編『記録と考証　日中国交正常化・日中平和友好条約締結交渉』一九九頁、岩波書店
(34) 井上正也「史料が語る日本外交史①「竹入メモ」日中国交正常化を進めた公明党委員長の独断専行」『外交』Ｖｏｌ．七、七二～七五頁、時事通信社
(35) 東京大学東洋文化研究所・田中明彦研究室「日本政治・国際関係データベース　第一回竹入義勝・周恩来会談記録」／倪志敏「田中内閣における日中国交正常化と大平正芳（その二）」『龍谷大学経済学論集』

四九（三）、五七〜七七頁、龍谷大学
(36) 東京大学東洋文化研究所・田中明彦研究室「日本政治・国際関係データベース　第一回竹入義勝・周恩来会談記録」
(37) 倪志敏「田中内閣における日中国交正常化と大平正芳（その三）」『龍谷大学経済学論集』四九（三）、五七〜七七頁、龍谷大学／東京大学東洋文化研究所・田中明彦研究室「日本政治・国際関係データベース　第一回竹入義勝・周恩来会談記録」
(38) 時事通信社政治部編『ドキュメント日中復交』一四四頁、時事通信社
(39) 毎日新聞政治部編『転換期の安保』一九一頁、毎日新聞社
(40) 東京大学東洋文化研究所・田中明彦研究室「日本政治・国際関係データベース　第三回竹入義勝・周恩来会談記録」
(41) 石井明ほか編『記録と考証　日中国交正常化・日中平和友好条約締結交渉』五二〜五五頁、岩波書店
(42) 服部龍二『日中国交正常化』六四〜六六頁、中公新書
(43) 栗山尚一著、中島琢磨、服部龍二、江藤名保子編『外交証言録　沖縄返還・日中国交正常化・日米「密約」』一二〇頁、岩波書店
(44) 服部龍二『日中国交正常化』六七頁、中公新書
(45) 服部龍二『日中国交正常化』六六〜六七頁、中公新書
(46) 時事通信社政治部編『ドキュメント日中復交』一一九、一二九頁、時事通信社
(47) 中野士朗『田中政権・八八六日』一〇九、一二〇頁、行政問題研究所
(48) 石井明ほか編『記録と考証　日中国交正常化・日中平和友好条約締結交渉』一四六〜一四九頁、岩波書店
(49) 時事通信社政治部編『ドキュメント日中復交』四六〜四七頁、時事通信社／『朝日新聞』一九七二年九月二五日夕刊

(50) 石井明ほか編『記録と考証　日中国交正常化・日中平和友好条約締結交渉』五二〜五五頁、岩波書店
(51) 時事通信社政治部編『ドキュメント日中復交』一八一頁、時事通信社
(52) 森田一『心の一燈　回想の大平正芳』一一七〜一一八頁、第一法規／横堀克己「歴史の新たな一ページが開かれた夜」石井明ほか編『記録と考証　日中国交正常化・日中平和友好条約締結交渉』二六二〜二六三頁、岩波書店／服部龍二『日中国交正常化』一三六〜一四三頁、中公新書
(53) 石井明ほか編『記録と考証　日中国交正常化・日中平和友好条約締結交渉』八三〜八六頁、一一〇〜一二二頁、岩波書店／森田一『心の一燈　回想の大平正芳』一一八〜一一九頁、第一法規
(54) 石井明ほか編『記録と考証　日中国交正常化・日中平和友好条約締結交渉』五六〜五七頁、岩波書店
(55) 時事通信社政治部編『ドキュメント日中復交』四九頁、時事通信社／大平正芳記念財団編『去華就實　聞き書き大平正芳』一五八頁、大平正芳記念財団／服部龍二『日中国交正常化』一四八〜一五一頁、中公新書
(56) 田中角栄「日中の課題は『信義』と両国民の『自由な往来』だ」『宝石』一九八四年一一月号、七八〜七九頁、光文社／服部龍二『日中国交正常化』一五一〜一五三頁、中公新書
(57) 石井明ほか編『記録と考証　日中国交正常化・日中平和友好条約締結交渉』五八〜六〇頁、岩波書店
(58) 石井明ほか編『記録と考証　日中国交正常化・日中平和友好条約締結交渉』八六〜九一頁、岩波書店
(59) 服部龍二『日中国交正常化』一五四〜一五九頁、中公新書
(60) 森田一『心の一燈　回想の大平正芳』一一四〜一一六頁、第一法規／大平正芳記念財団編『去華就實　聞き書き大平正芳』一五六〜一五七頁、大平正芳記念財団
(61) 『朝日新聞』一九七二年九月二九日朝刊
(62) 石井明ほか編『記録と考証　日中国交正常化・日中平和友好条約締結交渉』九一〜九三頁、岩波書店
(63) 石井明ほか編『記録と考証　日中国交正常化・日中平和友好条約締結交渉』六〇〜六九頁、岩波書店／張香山「張香山回想録（下）」『論座』一九九八年一月号二〇七頁、朝日新聞社

(64) 服部龍二『日中国交正常化』一六八〜一七一頁、中公新書
(65) 石井明ほか編『記録と考証　日中国交正常化・日中平和友好条約締結交渉』一二五〜一三二頁、二五六〜二六五頁、岩波書店／時事通信社政治部編『ドキュメント日中復交』五一頁、時事通信社
(66) 二階堂進『日中国交秘話　中南海の一夜』大平正芳記念財団ホームページより
(67) 石井明ほか編『記録と考証　日中国交正常化・日中平和友好条約締結交渉』九四〜一〇九頁、岩波書店
(68) 森田一『心の一燈　回想の大平正芳』二〇四〜二〇五頁、第一法規
(69) 石井明ほか編『記録と考証　日中国交正常化・日中平和友好条約締結交渉』六九〜七四頁、岩波書店
(70) 『朝日新聞』一九七二年九月二九日夕刊、九月三〇日朝刊／服部龍二『日中国交正常化』一八三〜一八六頁、中公新書
(71) 時事通信社政治部編『ドキュメント日中復交』五三頁、一六二〜一六五頁、時事通信社
(72) 時事通信社政治部編『ドキュメント日中復交』五三頁、一六九〜一七三頁、時事通信社
(73) 栗山尚一「日中共同声明の解説」時事通信社政治部編『ドキュメント日中復交』二一一〜二二二頁、時事通信社
(74) 服部龍二『日中国交正常化』一九二〜一九四頁、中公新書
(75) 時事通信社政治部編『ドキュメント日中復交』五三〜五四頁、時事通信社／『朝日新聞』一九七二年九月二九日夕刊、九月三〇日朝刊
(76) 二階堂進「日中国交秘話　中南海の一夜」大平正芳記念財団ホームページより
(77) 時事通信社政治部編『ドキュメント日中復交』五四頁、時事通信社／『読売新聞』一九七二年九月三〇日夕刊／『朝日新聞』二〇〇二年九月二九日朝刊
(78) 時事通信社政治部編『ドキュメント日中復交』一九八〜二一〇頁、時事通信社
(79) 『聖教新聞』一九九七年一一月一日
(80) 『聖教新聞』二〇一四年一二月五日

（81）『聖教新聞』二〇一四年一二月五日

（第三章）

（82）香港を拠点とする衛星テレビ局「鳳凰電視」の番組「わが中国の心・鄧穎超」二〇一四年二月一日初放送

（83）NHKスペシャル『命をかけた日中友好　岡崎嘉平太』二〇〇七年三月一九日放送

（84）田代康則「草創の滝山寮と大学を語る」『創価教育研究』創刊号、二〇〇二年三月、創価大学創価教育研究センター

（85）『広州日報』二〇一三年七月六日など

（第四章）

（86）『日本経済新聞　電子版』二〇一四年一一月一一日

あとがき

日中両国は「一衣帯水」のお隣同士。二千年にも及ぶ交流の歴史をもっている。お互い、仲良くやっていかなければならない。庶民は皆、そのことをよく知っている。が、なかなかうまくいかない。日中関係は、尖閣諸島（中国名・釣魚島）や靖国神社参拝、反日・嫌中などの問題などもあって、「戦後、最悪」とさえいわれている。もちろん、こうした問題の解決は容易ではない。しかし、日中間に厳しい政治的対立があっても、〝草の根〟レベルの絆は着実に深まってきており、これが両国関係をぎりぎりのところで支えている。

本書は、こうした事実を広く知ってもらい、「民」の力で「官」を動かし、日中両国が友好の扉をふたたび開いてほしいとの思いで企画された。そして、焦点を一九七二年の日中国交正常化に当てた。今からみれば、それは大きな歴史の流れの一コマで、当たり前のことのようにみえるが、実は、国交正常化の実現は容易なものではなく、日中双方の優れた先人たちの大変な努力の賜物であり、そこでも「民」が大きな役割を果たした。

しかし、「民」については、歴史の常で、多く語られることがあまりない。このため、本書は、中国の「実事求是」（事実に基づいて真理を求める）の考え方に基づき、日中国交正常化の過程を丹念に検証。これまで真正面から取り上げられることが少なかった創価学会の池田大作会長（現名誉会長）の果たした役割にもスポットライトを当て、日中国交正常化に貢献した人と人の心をつなぐ〝草の根〟レベルの交流にも比較的多くの紙数を割いた。

日本はかつて中国から多くの文化や技術を学び、今も中国生まれの漢字を使っている。聖徳太子が小野妹子を遣隋使として中国に派遣したのが六〇七年。太子は隋朝の二代皇帝、煬帝《ようだい》に「日出《い》ずる処《ところ》の天子、書を日没する処の天子に致す。恙《つつが》無しや」としたためた国書を提出したとされている。太子が実在したかどうかは別にしても、当時の小さな島国のリーダーが、何ら臆することなく、大国・隋の皇帝に対し、堂々と交流を求めたことは今も日本人の誇りであり、対等なお付き合いこそが国と国とのあるべき姿であることを教えてくれている。

日本は隋が倒れ、唐になっても、使節を送り続けた。この時代、文化や技術は中国から日本に一方的に流れていた。しかし、それは中国の古典である四書五経が文化人必須の教養とされ、医者といえば漢方医が当たり前だった江戸時代までのことだ。幕末から明治にかけてわが国に西洋の文物が大量に流入すると、日本人はそれに対応し、「社会主義」「共産主義」「哲学」「運動」などの和製漢語を次々に創造。これが大陸に戻って中国の近代化を推進した。文化や技術が今度は日本から中国に流れ出し、交流の本来の姿、双方向性がようやく実現したのである。

孫文《そんぶん》が指導してアジア初の共和国、中華民国を誕生させた辛亥革命でも日本人が大きな役割を果たした。その一人がアジア主義者の宮崎滔天《とうてん》。当時、日本に亡命していた中国の革命家たちを親身になって支援し、湖南省出身者を中心とする「華興会」の指導者、黄興《こうこう》と華僑や広東省出身者が多かった「興中会」の指導者、孫文を引き合わせたのも滔天だった。『宮崎滔天全集第四巻』（平凡社、一九七三年刊）に入っている「宮崎滔天氏之談」（二八六～三二一頁）に孫文と黄興との出会いの様子が書かれている。引用する。

孫は私の処《ところ》に来て、此頃《このごろ》留学生が盛んに殖《ふ》えたが、その中に面白い書生は居《お》らぬか、我党の士は居らぬか。居る、それに就いて紹介する人がある、それは黄興と云う湖南人だと云ふと、それは名前は聞いてゐる、直ぐに行かうと云ふので、茶も飲まずに行こうと云ふ。（中略）神楽坂の上にはホウライ〔鳳楽〕園と云ふ料理屋があつた。其処《そこ》に黄興が連れて行つて初めて其処で孫と会見した。私しと末永とは支那語が分らぬが、兎《と》に角《かく》黄興等は酒を飲み乍《なが》ら何か盛んに論議して居つた。斯《こ》う云ふ時には言葉の分らぬのも仕合《しあわせ》で、私等は何の議論か分らぬから、マア心配なしに大いに飲もうと云ふので飲んでゐると、段々に議論が落付いた。それから皆んなで祝杯を挙げた。それから此度は各省聯合《れんごう》の同盟と云ふ秘密結社が東京の中央で出来た。孫、黄の聯合が同盟会となった。

一九〇五年八月二〇日に東京で結成された中国革命同盟会のことで、これによって清朝打倒の辛亥革命が動き出した。孫文らを支援したのはもちろん、滔天だけではない。一九〇〇年一〇月、孫文の指示によって恵州（広東省）で始まった武装蜂起、恵州起義では、日本人の山田良政も参加し、死亡している。また、弟の純三郎も、兄の良政の遺志を継ぎ、孫文を支え続け、一九二五年に孫文が死去した際は、日本人として唯一人、臨終に立ち会うことを許されている。映画会社の日活の前身、M・パテー商会を設立した実業家、梅屋庄吉は革命のため孫文に巨額の資金を援助した。

孫文は死去する前年の一九二四年一一月、夫人の宋慶齢《そうけいれい》と共に来日し、同月二八日、神戸高等女学校で有名な「大アジア主義演説」を行った。この講演会には市民ら約三〇〇〇人が集まり、会場は大変な熱気に包まれたという。このときの孫文の演説全文が支那派遣軍総司令部報道部編纂の資料集『同生共死――日華新関係の根本理念（集約版）』に入っている。それによると、孫文は演説の中で、武力によって他国を従わせる西洋の覇権と、徳をもって感化し交流する東洋の王道との違いを強調。近代になって東洋の国々は皆、科学技術の発展によって力をもった欧米列強の覇道によって完全な独立を奪われたが、アジアで真っ先に近代化した日本が不平等条約を撤回させ、さらに、日露戦争によってロシアを破ったことでアジアの国々に大きな自信を与えたと日本を称賛。アジアの国々が手を携えて欧米列強と渡り合っていく必要性を訴えた。そして、孫文は最後に次の言葉で講演を結んだ。

「諸君、日本民族は既に欧米の覇道的文化に到達し、又亜細亜の王道的文化の本質をも有するのであるから、今後世界文化の前途に対し、西方は覇道の鷹犬（走狗）となるか、或は東方王道の干城となるか。諸君、日本国民はその何れを撰ぶべきであるかを慎重に考慮されんことを望む」

しかし、日本政府は孫文の言葉に少しも耳を貸さず、欧米列強と同じ帝国主義の道を歩み、満州に傀儡《かいらい》国家を樹立。第二次世界大戦に突き進み、悲惨な敗戦を迎えてしまった。そして、戦後、日本国民は敗戦による混乱の中から再び立ち上がり、日本は米国に次ぐ世界第二位の経済大国（注・現在は米国、中国に次ぐ世界第三位）となって、一九七二年九月には中国との国交正常化がようやく実現した。

これで日中間の友好ムードが大いに盛り上がり、政治、経済、文化など、あらゆる分野で交流が深まった。が、近年、尖閣諸島や靖国神社参拝問題などで日中の政治関係が悪化し、尖閣諸島周辺海域では武力衝突の危険性さえ出てきている。中国が軍事力を急速に拡大しているためだが、日本もこれに対し、米国との防衛協力を強化し、防衛費を増やし続けており、二〇一五年の防衛費予算は過去最高の四兆九八〇〇億円を記録した。国益を優先し、脅威に対して備えるのは、お互い、当然のことだとしても、経済にも影響が出始めている。しかし、孫文が「大アジア主義演説」の中で示したように、大局に立てば、日中が争っていいはずがないことぐらいすぐに分かる。両国は今や、経済的にも、また、人的交流の面からしても、切っても切れない関係にある。そして、歴史的にみれば、軍事力による解決は、一部で依然まかり通っているにしても、反省すべき過去の手法であり、根本的解決に至らず、悲惨な結果を招くだけだ。

この本を通して、その単純明快な事実（と、国家間の信頼醸成の難しさ）と〝草の根交流〟の大切さを理解し、それぞれが「民」の立場で「政」を動かし、日中間の友好に努めていってもらえればありがたい。

最後に、貴重な時間を割いて取材・執筆していただいた田﨑史郎、増山栄太郎、中村英一、井坂公明、前原政之、鈴木悦子の各氏、取材、資料など多面からご支援いただいた創価学会の岡部高弘副会長、本書の出版をあらゆる面から支えてくれた時事通信出版局の北原斗紀彦社長、剣持耕士取締役、時事通信社の渡邊祐司編集局長に、そして編集者の相澤与剛氏にここに改めて、感謝の意を表しておく。多くの記者、編集者、デザイナーらの手でできた上がったこの本が日中間の友好促進に少しでも役立つことを祈ってやまない。

二〇一五年三月二五日

監修・編著者　**信太謙三**

年月日	出来事
2012年	
	通年＝日中国交正常化40周年として2012「日中国民交流友好年」を実施。
2月	2012「日中国民交流友好年」開幕式および中国における「元気な日本」展示会が開幕。
9.11	日本政府（野田佳彦内閣）が尖閣諸島３島を国有化。
9月	中国国内で反日活動が活発化。多数の日系企業が被害を受ける。
2013年	
1.30	中国海軍艦船、火器管制レーダーを海上自衛隊護衛艦に照射。
3.14	習近平、第12期全人代で国家主席に選出される。
9.5	安倍首相、習近平主席とロシアで立ち話。
11.23	中国、東シナ海上空の広範囲に防空識別圏を設定。
12.14	中国の無人月探査機「嫦娥３号」が月面着陸に成功。米国、ソ連に次ぎ３カ国目。
2014年	
5.24	東シナ海で中国機が日本の自衛隊機に異常接近。日本政府は外交ルートを通じ、中国側に抗議。
10.7	上海歌舞団による舞劇「朱鷺」プレビュー公演開催（東京・五反田）。三笠宮彬子さま、安倍首相、程永華駐日中国大使らが鑑賞。
11.10	北京でのＡＰＥＣ首脳会談を前に日中首脳会談実現。
12.4	新日中友好21世紀委員が李克強首相と会見。

年月日	出来事
4 .11	温家宝首相、日本を公式訪問（～13日）。安倍晋三首相と首脳会談。閣僚級の経済対話（「日中ハイレベル経済対話」）創設で合意。日中共同記者発表。
4 .12	温家宝首相、中国首相として初めて衆議院本会議場で国会演説。
9 .29	福田康夫首相と温家宝首相が国交正常化35周年の祝電交換。
12.27	福田首相訪中（～30日）。
12.28	福田首相、胡錦濤国家主席、温家宝首相と会談。
2008年	
5 . 6	胡錦濤国家主席、国賓として来日（～10日）。7日、首脳会談で共同文書「戦略的互恵関係の包括的推進に関する日中共同声明」等を発表。
12. 8	第11管区海上保安本部の巡視船が尖閣諸島の東南約6キロ地点で、中国の海洋調査船2隻を発見。
2009年	
12.14	習近平国家副主席来日、鳩山由紀夫首相と会談。また15日、皇居で天皇陛下と会見。
2010年（平成22年）	
1 . 1	ＡＳＥＡＮ・中国自由貿易地域が発足。
5 .30	温家宝首相来日、鳩山首相と日中両国の「戦略的互恵関係」について会談。
9 . 7	尖閣諸島近海で海上保安庁巡視船2隻に対し、体当たりする妨害行為を行った中国漁船を拿捕。
2011年	
3 .11	東日本大震災に対し、温家宝首相、菅直人首相にお見舞い電報を送る。
3 .14	胡錦濤国家主席、東日本大震災に対して天皇陛下にお見舞い電報を送る。
5 .22	温家宝首相来日、菅首相と会談。温首相、地震被災地を訪問。

年月日	出来事
1.23	江沢民国家主席、日中両国の友好団体責任者会議に参加するため訪中した日本側の主要代表と会見。
4.2	李鵬全人代常務委員長、来日（～9日）。天皇陛下と会見、4日小泉首相と会見。
9.28	北京の人民大会堂で、中日国交正常化30周年祝賀レセプション、胡錦濤国家副主席が出席。
2003年	
8月	中国、東シナ海日中中間線付近の中国側で天然ガス田「白樺」の開発に着手。
10.23	温家宝首相と小泉首相、祝電を交換し「日中平和友好条約」締結25周年を祝賀する。
2004年	
7～8月	中国で開かれたサッカー・アジアカップの試合で反日騒ぎ相次ぐ。
11.10	中国原潜が日本領海を侵犯。
2005年（平成17年）	
4月	日本の国連常任理事国入りをめぐり中国各地で大規模な反日デモ。
8月	小泉首相、終戦60周年で総理談話を発表。
9.3	中国人民抗日戦争勝利60周年記念大会開催。胡錦濤国家主席は小泉首相の靖国参拝を批判。
2006年	
10.8	安倍晋三首相訪中。胡錦濤国家主席、温家宝首相と会談。日中共同プレス発表で「戦略的互恵関係」を打ち出す。
12月末	日中貿易総額、06年は2112億9551万ドル（前年比11.5%増）となり、初めて2000億ドルを突破。
2007年	
2.2	中国の海洋調査船、日本の排他的経済水域内で事前通報した水域と異なる水域で調査を実施。外務省は強く抗議し、調査の中止を申し入れ。

年月日	出来事
11.25	江沢民国家主席来日（〜30日）。小渕恵三首相と会談、「平和と発展のための友好協力パートナーシップの構築に関する共同宣言」を発表。
1999年	
7.8	小渕首相、訪中（〜9日）。江沢民国家主席、李鵬全人代常務委員長、朱鎔基首相と会見。日米安保、北朝鮮問題、東シナ海の海洋調査船問題等について意見交換。
7.30	「日本が中国に遺棄した化学兵器の廃棄に関する両国政府間の覚書」調印（於北京）。
12.20	マカオ特別行政区政府成立。ポルトガル行政権下にあったマカオが中国に返還される。
2000年（平成12年）	
2.20	江沢民国家主席、広東省広州市指導幹部「三講」教育会議での重要講和で「三つの代表（三個代表）」を発表。
5.20	日中文化観光交流大会使節団（団長＝平山郁夫日中友好協会会長）訪中。江沢民国家主席、胡錦濤国家副主席、銭其琛副首相と会見。
10.12	朱鎔基首相来日（〜17日）。13日、森喜朗首相と会談。天皇陛下と会見。
2001年	
3.20	江沢民国家主席、新任の阿南惟茂駐中国大使と会見。
5.2	小泉純一郎首相、「日中関係は日本の最も重要な二国間関係の一つである」と記した首相就任あいさつの書簡を江沢民国家主席と朱鎔基首相に送る。
9.14	日中議員連盟の代表団、江沢民国家主席と会談。
10.8	小泉首相、日帰りで中国を実務訪問。在任中の自民党出身の首相として初めて盧溝橋の中国人民抗日戦争記念館を参観。
2002年	

年月日	出来事
3.23	銭其琛外相、賠償問題について「中国政府の立場は、中日共同声明で明確に示されており、変化はない」と発言。
4.6	江沢民総書記来日（～10日）。宮沢喜一首相と会談、尖閣諸島問題の棚上げを確認、天皇陛下訪中を要請。
10.23	天皇皇后両陛下、中国を初めて公式訪問（～28日）、歓迎晩餐会で中国国民に多大な苦難を与えたと発言。
1993年	
3月	江沢民総書記、国家主席に就任。
1994年	
3.20	細川護熙首相訪中（19～20日）。江沢民国家主席、李鵬首相と会談。
1995年（平成7年）	
5.2	村山富一首相訪中（～6日）。江沢民国家主席、李鵬首相と会談。
8.15	村山首相、戦後50周年に際しての内閣総理大臣談話を発表。
11.18	江沢民国家主席、ＡＰＥＣ非公式首脳会議出席のため来日。村山首相と会談。正しい歴史認識が未来への基礎となると発言。
1996年	
10月	香港・台湾人活動家4人が尖閣諸島に上陸。
1997年	
2.19	鄧小平元党中央軍事委主席が死去。
7.1	香港、155年ぶりに中国に復帰。中華人民共和国香港特別行政区政府発足。中華人民共和国香港特別行政区基本法、即日施行。
1998年	
1.10	総理府の外交に関する世論調査で、日中関係を良好とする人が増加。3年ぶりに良好でないと思っている人を上回る。

年月日	出来事
2.26	大阪高裁、光華寮所有をめぐる京都地裁の原判決を踏襲し、被告側の控訴を棄却するとの判決。
6.18	日中友好6団体（日中友好協会、日本国際貿易促進協会、日中文化交流協会、日中友好議員連盟、日中経済協会、日中協会)、光華寮問題の速やかな解決を政府に直訴。
9.28	中曽根首相が日中国交正常化15周年祝賀パーティーに出席。
1988年	
8.25	竹下登首相訪中（～30日)。李鵬首相と会談、鄧小平中央軍事委主席と会談。
1989年（平成元年）	
4.12	李鵬首相来日（～16日)。竹下首相と会談。
4.13	天皇陛下、李鵬首相と会見。
4.15	胡耀邦前総書記が死去。北京の学生らが民主化を求めて立ち上がり、デモやハンストを敢行。
6.4	軍が学生を武力鎮圧（第2次天安門事件)。
6.24	中国共産党13期4中全会。趙紫陽総書記は解任。江沢民、党総書記に就任。
1990年（平成2年）	
8月	台湾船2隻が尖閣諸島（中国名・釣魚島）の領有権を主張して領海侵犯。
1992年	
1～2月	鄧小平党中央軍事委主席、広州、深圳、珠海、上海、武漢などを訪れ改革開放のスピードアップを指示、中国の高度経済成長が加速。
2.25	全人代、尖閣諸島を中国領土と明記した「中華人民共和国領海法および接続水域法」を制定。「釣魚島」を自国領と記載。
3.11	中日外交部スポークスマン、日中戦争の民間被害者は日本に賠償請求できるとの見解示す。

年月日	出来事
12.7	共同プレスコミュニケ（日中友好病院建設、科学技術協力協定の早期調印、外交当局間協議開催につき合意）。
1980年（昭和55年）	
4.21	池田会長訪中。「周恩来総理展」を参観、華国鋒主席、鄧穎超女史らと会談（～29日）。
4.25	日本政府の対中円借款供与に関する文書を交換、同文書に基づき借款協定調印。
1982年	
4.14	大阪高等裁判所、光華寮所有権をめぐる控訴審判決により、原判決を破棄し、本案件を京都地裁に差し戻し。
5.31	趙紫陽首相訪日（～6月5日）。鈴木善幸首相と会談。
7.29	鄧小平を筆頭に胡喬木、廖承志、姫鵬飛、黄華、鄧力群、日本の歴史教科書問題に関する会議を開催（於北京）。
1983年	
11.23	胡耀邦総書記訪日（～30日）、中曽根康弘首相と会談（24日）。
1985年（昭和60年）	
8.15	「南京大虐殺記念館」開館（於南京）。 中曽根首相、靖国神社を公式参拝。
1986年	
2.4	京都地裁の光華寮の所有権をめぐる判決、大阪高裁（82年4月）の判断を踏襲。
10.24	鄧小平、北京で日中友好団代表団と会見。天皇訪中について、「これは日本政府が決めることだが、いつでも歓迎する」と強調。
1987年	
1.16	趙紫陽首相、総書記代行に就任（胡耀邦総書記、辞任）。

年月日	出来事
11.13	日中海運協定調印（於東京）。
12. 2	池田会長訪中。12月5日、鄧小平副首相と会談。同夜、周恩来首相と会見。
1975年（昭和50年）	
1 .16	日中平和友好条約の事務締結交渉開催。
3 .28	日中平和友好条約交渉（第7回）。
4 . 5	台湾の蔣介石総統死去。
4 .14	池田会長訪中。16日鄧副首相、廖承志と会談。
8 .15	日中政府間漁業協定調印（於東京）。
1976年	
1 . 8	周恩来首相死去（77歳）。
4 . 5	第1次天安門事件発生。
9 . 9	毛沢東主席死去（82歳）。
10. 7	中国、「四人組」逮捕。
1977年	
4 .12	尖閣諸島の領海付近に約100隻の中国国旗を立てた漁船が集結、2週間近く尖閣諸島周辺に居座り続ける事件発生。
8 .12	日中平和友好条約調印（於北京）。
9 .11	池田会長訪中。李先念副首相、周恩来夫人鄧穎超女史、廖承志らと会談（～20日）。
10.23	日中平和友好条約批准書交換。
1979年	
3 .15	大平首相、河本敏夫自民党政調会長と会談、「中国が希望すれば海外経済協力基金の円借款供与も認める」との見解で一致。
4 . 8	鄧穎超全国人民代表大会常務副委員長訪日。昭和天皇と会見。
12. 5	大平首相訪中。華国鋒首相と首脳会談（5、6日）。鄧小平副主席と会談、台湾問題が議題に上る。
12. 6	渤海石油共同開発合意書、日本石油公団と中国石油公司の間で調印。

年月日	出来事
9.8	自民党日中国交正常化協議会総会で日中国交正常化基本方針を策定。
9.14	小坂善太郎を団長とする自民党訪中団が23人で出発し、周恩来首相らと会談。
9.17	椎名自民党副総裁らが台北の松山空港で反日デモに遭遇。
9.25	田中首相ら訪中。第1回田中・周会談。人民大会堂の宴席で田中首相が「ご迷惑」スピーチ。
9.26	第1回大平・姫鵬飛（外相）会談。第2回田中・周会談。第2回大平・姫会談。
9.27	非公式外相会談。第3回田中・周会談。田中・毛沢東（主席）会談。第3回大平・姫会談。
9.28	第4回田中・周会談。
9.29	台北で宇山厚大使が日中共同声明を事前通告し、蔣介石総統宛て田中親電を伝達。 北京で日中共同声明の調印式、日中国交正常化成立。大平外相が記者会見で台湾との断交声明（大平談話）。台湾が対日断交を宣言。
1973年	
1.11	在中国日本国大使館開設。
5.10	廖承志・大平外相会談。
8.2	河野謙三参議院議長（日本体育協会訪中団長）訪中。周恩来首相と会談。廖承志は河野に対し、大平外相宛ての書簡を手交（いわゆる「周恩来メモ」）。
1974年	
1.3	大平外相、広州経由訪中（～6日）。姫鵬飛外相と日中外相会談。周恩来首相、毛沢東主席と会談（於北京）。中国側、「日台航路の処理に関する協議」と題する6項目の提案を提示。
4.20	日中航空協定調印（於北京）。
5.30	池田大作創価学会会長が初訪中。6月6日、李先念副首相と会談。

年月日	出来事
10.20	キッシンジャー大統領補佐官一行が訪中（〜26日）。
10.25	国連総会が中国の国連加盟を決定、台湾は国連脱退を表明。
11.10	周恩来首相が訪中した美濃部亮吉都知事と会見、「保利書簡」を批判。
1972年	
1月	橋本恕中国課長が対中関係についてレポートを田中通産相に提出。
2.21	ニクソン大統領訪中、米中共同声明発表（27日）。
7.5	自民党臨時党大会の総裁選で、田中角栄圧勝。
7.7	田中内閣成立、大平は8年ぶり2度目の外相就任。大平外相が外務省に初登庁、橋本恕に日中国交正常化のお膳立てを指示。
7.10	上海舞劇団訪日、団長は中日友好協会副秘書長の孫平化（〜8.16）
7.16	社会党元委員長の佐々木更三が北京で周恩来首相と会談。
7.20	日中国交回復促進議員連盟会長の藤山元外相が孫平化中日友好協会副秘書長と蕭向前ＬＴ貿易東京事務所代表の歓迎会を開催。
7.22	大平外相が孫平化、蕭向前と会談。
7.24	自民党総裁直属機関の日中国交正常化協議会が初総会（会長・小坂善太郎）
7.25	大平外相が彭孟緝駐日台湾大使との会見で「重大なる決意」を表明。
7.29	公明党第3次訪中団に周恩来首相が共同声明の中国側草案を提示。
8.4	公明党訪中団から田中首相と大平外相に帰国報告。
8.23	田中首相が椎名悦三郎自民党副総裁を訪台特使に命ずる。
8.31	橋本恕ら外務省員が先遣隊として訪中。田中首相と大平外相がハワイでニクソン大統領、キッシンジャー大統領補佐官、ロジャーズ国務長官と会談。

年月日	出来事
1967年	
2.27	日中両国、「日中両国人民の友好貿易促進に関する議定書」に調印。
1968年	
9.8	創価学会の池田大作会長が学生部総会で日中国交正常化に関しての提言を発表。内外に反響を呼ぶ。
1969年	
4.4	日中覚書貿易会談コミュニケ発表。
1970年（昭和45年）	
4.19	周恩来首相、友好貿易代表団に日中貿易に関する4条件示す。
12.13	日中国交正常化国民協議会発足。
1971年	
2.16	日中国交回復国民会議結成。
2.23	周恩来首相が藤山愛一郎元外相と会見。中国との交流は中華人民共和国を唯一の合法政府と認めることが前提であると強調。
3.21	中国卓球チーム来日。いわゆる「ピンポン外交」。
7.2	公明党第1次訪中団が中日友好協会と日中復交5原則を盛り込んだ共同声明を発表。
7.9	キッシンジャー米大統領補佐官が訪中（～11日）、周恩来首相と会談。
夏頃	田中角栄自民党幹事長が中国問題の勉強会を立ち上げ。
7.15	ニクソン米大統領北京訪問を発表（ニクソン・ショック）。
9.1	大平元外相が箱根で「日本の新世紀の開幕――潮の流れを変えよう」と題して演説。
9.2	川崎秀二元厚相を団長とする自民党訪中議員団が北京入り。
9.16	日中国交回復促進議員連盟会長の藤山元外相らが第3次訪中。

年月日	出来事
1958年	
3.14	台湾、第4次日中貿易協定に抗議し、日台通商会談中止通告。
1959年	
3.9	社会党訪中団の浅沼書記長、北京で「米帝国主義は日中両国人民共同の敵」と発表。
11.11	周恩来首相、松村謙三自民党顧問送別会であいさつし、日中両国が国交正常化後、相互不可侵条約を結び、さらにその対象を極東と全アジア太平洋岸に拡大したい旨述べる。
1960年（昭和35年）	
8.16	日中文化交流協会と中国対外文化協会、日中両国人民の文化交流に関する共同声明に調印。
8.27	周恩来首相、日中貿易3原則を示す。
1962年	
11.9	高碕達之助と廖承志が日中貿易覚書（ＬＴ貿易）を交換。
1963年	
10.4	中日友好協会発足。
1964年	
1.27	フランス政府が中国と外交関係樹立。
2.10	台湾がフランスと断交。
2.12	大平正芳外相が衆議院外務委員会で、中国が「世界の祝福」の下に国連に加盟すれば、わが国も中国との国交正常化を検討と演説。
1965年（昭和40年）	
5.31	趙安博が、訪中した宇都宮徳馬衆議院議員に賠償請求放棄を示唆。
1966年	
5月	文化大革命始まる。
5.10	松村謙三、廖承志中日友好協会会長がＬＴ貿易問題につき合意。

【日中関係史年表】

年月日	出来事
1945年（昭和20年）	
8.15	終戦。
1946年	
7月	中国で国共内戦が始まる。
1949年	
10.1	中華人民共和国が成立。
1950年（昭和25年）	
6.25	北朝鮮軍、38度線を突破。韓国に宣戦布告。
10.1	日中友好協会設立。
1951年	
9.4	サンフランシスコ講和会議（～8日）。
1952年	
4.28	日本と中華民国政府（台湾）が日華平和条約を締結。
6.1	北京で第1次日中民間貿易協定調印。
12.12	日中貿易促進議員連盟再発足。
1953年	
7.27	朝鮮休戦協定調印。
7.29	国会で日中貿易促進を決議。
10.28	郭沫若副首相、日本の訪中議員団に対し、日中正常関係樹立の3条件を示し、その基盤の上に日中不可侵条約締結も可能であると言明。
10.29	北京で第2次日中民間貿易協定調印。
1955年（昭和30年）	
4.18	アジア・アフリカ会議（於バンドン）で高碕達之助経済審議庁長官と周恩来首相が会談。
4.19	周恩来首相、アジア・アフリカ会議において、日本提案の平和宣言を支持し、平和5原則厳守の基礎の上で日本との国交正常化促進を行いたい旨述べる。
8.16	中国外交部、声明で日本への賠償請求権を主張。
1956年	
3.27	日中文化交流協会発足。

扉はふたたび開かれる
——検証 日中友好と創価学会

2015年 5 月 1 日　初版発行

編　者：時事通信出版局
監修・編著者：信太謙三
発行者：北原斗紀彦
発行所：株式会社時事通信出版局
発　売：株式会社時事通信社
〒104-8178　東京都中央区銀座 5-15-8
電話03(5565)2155　http://book.jiji.com

印刷／製本　株式会社太平印刷社

ISBN978-4-7887-1410-6　C0031　Printed in Japan
落丁・乱丁はお取り替えいたします。
定価はカバーに表示してあります。